CHINA FOREIGN EXCHANGE TRADE SYSTEM
中国外汇交易中心
全国银行间同业拆借中心
NATIONAL INTERBANK FUNDING CENTER

中国银行间市场交易报告2021

China Interbank Market Trading Report

中国外汇交易中心（全国银行间同业拆借中心）◎编

中国金融出版社

责任编辑：张　铁
责任校对：潘　洁
责任印制：张也男

图书在版编目（CIP）数据

中国银行间市场交易报告. 2021/中国外汇交易中心（全国银行间同业拆借中心）编. —北京：中国金融出版社，2022.9
ISBN 978-7-5220-1732-7

Ⅰ.①中…　Ⅱ.①中…　Ⅲ.①金融市场—研究报告—中国—2021　Ⅳ.①F832.5

中国版本图书馆CIP数据核字（2022）第157111号

中国银行间市场交易报告. 2021
ZHONGGUO YINHANGJIAN SHICHANG JIAOYI BAOGAO. 2021

出版
发行　中国金融出版社

社址　北京市丰台区益泽路2号
市场开发部　（010）66024766，63805472，63439533（传真）
网 上 书 店　www.cfph.cn
（010）66024766，63372837（传真）
读者服务部　（010）66070833，62568380
邮编　100071
经销　新华书店
印刷　北京侨友印刷有限公司
尺寸　210毫米×285毫米
印张　10
字数　173千
版次　2022年9月第1版
印次　2022年9月第1次印刷
定价　97.00元
ISBN 978-7-5220-1732-7

本书编写委员会

主　　　任： 霍颖励

主　　　编： 张　漪

副　主　编： 任坚纲　李忠林　李瑞勇　孙　杰　崔　嵬

执行副主编： 王勤淮　何尤华　徐苏江

编　　　委： 李梅静　李建阳　华小岳　卢向前　郦永达

王勤淮　李玉青　胡　剑　姜才康　余　波

孙军政　丁蔚苒

执　笔　人： 刘雨宁　柴天仪　邬自正　张　洁　孙　嘉

詹杭龙　蒋德良　谢佳琪　包晓晶　单曙兵

侯　屾　李　涵　吕士瑛　佟　珺　吴　昊

陆晨希　王　然　汪贤星　邵　明

2021年银行间市场发展回顾

2021年，银行间市场坚持以习近平新时代中国特色社会主义思想为指导，坚持稳中求进总基调，坚决贯彻党中央、中国人民银行（以下简称人民银行）各项决策部署，各项工作取得成效。市场规模稳步增长，全年一二级市场共成交1 729万亿元，同比增长5.5%；市场主体不断丰富，对外开放持续深化，截至2021年末，银行间市场服务的机构成员有4 000余家，来自全球60多个国家和地区。中国外汇交易中心（以下简称交易中心）扎实精准服务央行履职，持续推动产品和服务创新，高效助力金融市场双向开放，稳妥有序推进交易基础设施建设，主动探索数据赋能业务发展，不断推进银行间市场建设向纵深发展。

扎实精准服务央行履职

全力支持货币政策操作，创造性落实“双碳”政策。落实常备借贷便利（SLF）全线上化改革，实现全流程线上化和“一键成交”。执行境外金融机构开展人民币购售业务交纳外汇风险准备金政策。支持人民银行碳减排支持工具、煤炭清洁专项再贷款操作，强化数据支撑与精准实施。

贯彻落实《中共中央　国务院关于支持浦东新区高水平改革开放打造社会主义现代化建设引领区的意见》精神，根据人民银行、国家外汇管理局（以下简称外汇局）等监管机构统一部署，积极研究探索人民币外汇期货试点，扎实推进监管沟通、业务和制度研究、业务方案制订与论证等准备工作。

深入实施利率汇率自律管理。配合人民银行宏观审慎评估（MPA）考核、外汇局合规与审慎经营评估。加强存款利率自律管理，引导金融机构主动让利实体经济。巩固深化贷款市场报价利率（LPR）改革成果，督促各类放贷主体明示贷款年化利率。审议通过《银行跨境人民币业务展业规范（2021年版）》《中国外汇市场准则（2021年版）》和汇率风险中性理念倡议书，引导金融机构和企业树立汇率“风险中性”理念、做好企业汇率风险管理服务。推进基准利率转换工作，推出挂钩担保隔夜融资利率（SOFR）的外币浮动利率拆借产品、新旧基准转换和基差调整等系统功能。

改革完善市场机制，助力市场规范高效发展。落实人民银行、外汇局关于银行间外汇市场、债券市场做市商管理制度改革，完善操作指引、丰富业务功能、实施系统改造，推动规范做市行为、优化做市报价。

优化市场监测分析体系，完善风险预警处置手段。搭建风险预警指标体系，推进交易质量分析项目，研究探索舆情监测、流动性分析等智能监测指标体系。密切跟踪境内外市场动态，加强对重点机构、特定风险的监测分析。开展债券代持专项调查，严肃处理异常、违规交易，提高报备、调查、处置效率。

持续推动产品和服务创新

探索支持实体企业发展新举措。研究推动银企平台参与机构范围扩展，减免银行服务中小微企业外汇交易手续费，服务“风险中性”监管导向。推出人民币对印度尼西亚卢比区域交易，便利企业资金汇兑与风险管理，完善“一带一路”货币服务。

发行业务取得新突破，一二级联动效应增强。全年发行金融债券8只、1 318亿元，首次实现了商业银行金融债券类型全覆盖。实现证券公司短期融资券全线上发行，31家证券公司发行86单、1 514亿元。推出债券发行承分销全流程服务，发布路演信息3万余次、131家机构参与。推出外币计价的同业存单发行交易服务。CFETS同业存款成交量增长77%。引入理财子公司参与外币同业存款业务。

衍生品业务取得新进展，更好满足金融机构的利率和信用风险管理需求。新增回购定盘利率（FDR）为标的的利率期权产品和货币掉期产品。实现标准债券远期实物交割。推出利率互换请求报价（RFQ）机制、信用违约互换（CDS）指数交易等新业务。

债券指数体系更加丰富，指数产品应用取得重要进展。持续完善基础性债券指数序列，发布CFETS绿色债券指数、碳中和债券指数等创新指数，完成银行间首笔挂钩CFETS碳中和债券指数的互换交易。首只跟踪CFETS债券指数的公募基金获证监会批准并顺利完成募资。

与其他金融基础设施密切协作，共同提升市场质效。实现银行间债券交易流通要素在前后台的电子化传输。与中央国债登记结算有限责任公司合作推出外币回购业务，首创外币回购自动选券模式。实现外币拆借与境内结算行直连。启动与人民币跨境支付系统（CIPS）直连项目。外币回购境外直连业务拓展至二级托管模式。推进银行间市场与交易所市场互联互通，完成前期文件、技术准备。

高效助力双向开放取得新进展

债券通“南向通”业务上线，为境内机构投资者投资全球债券市场提供多币种、多机制、一站式的高效便捷服务，便利我国金融基础设施和参与机构参与国际金融市场业务。上线以来50多家境内机构达成交易超180亿元。

境外机构参与市场的便利度进一步提升。支持富时罗素纳指稳步落地，系统实现连接3个境外平台、40余家境内报价商。推出债券通下国际付费模式。向境外投资者提供以债券收盘估值为定价基准的交易服务。推出债券通外汇风险管理信息服务，为债券通“北向通”下的境外机构投资者提供资金汇兑、外汇风险对冲和债券投资情况服务。为境外机构提供外币三方回购服务。

获得香港证监会颁发的自动化交易服务（ATS）牌照，实现债券通模式、直投模式下在香港牌照全覆盖，为更好服务国际投资者提供合规保障。

稳妥有序推进交易基础设施建设

新一代本币交易平台整体上线，系统功能和性能大幅提升。上线发行认购、同业存款及预发行功能；优化买断式回购支持多券报价交易功能、X-Bond报价行情、利率互换逐笔行情；上线信用拆借交易、货币市场资金意向、债券借贷附加协议、利率期权市场参考利率等功能。

加强系统建设与运维质量管理，保障系统安全稳定运行。完善运维管理平台，加强系统自动化部署。修订发布应用系统建设、安全生产事件调查问责等制度。加强系统建设过程管理，优化合同签订流程，整治合同逾期问题。系统剖析安全生产事件成因，加强内部管理与监督。

推进业务连续性相关工作。制定业务连续性顶层规划和建设路线图，完成同城双活技术攻关项目并形成架构方案。健全应急管理体系，以实战强化应急管理能力，顺利完成人民银行突击式应急演练，C-Trade系统实现“一键切换”。平稳完成新生产数据中心整体迁移，实施超过1 100台服务器、1 200条会员专线、1.5万条监控策略等软硬件调整。

夯实网络与信息安全基础。制订信息安全顶层规划和实施方案。持续完善常态化网络安全防护体系。完成人民银行攻防演练和建党100周年保障工作。

金融科技创新取得新成果。推出外汇回测及仿真平台服务，提升程序化交易技术储备。实施高性能通讯中间件创新孵化项目，性能平均提升50余倍，达到国内领先水平。完成容器云技术攻关及应用规划。完成16项自主可控技术攻关项目并推动落地应用。组建数字货币、区块链和隐私计算专项研究小组，探索银行间市场的创新应用。

交易后服务效能进一步提升。外汇市场交易确认份额增长11个百分点至87%，SWIFT报文匹配业务处理量增长45%，超94%的交易确认实现接口自动化处理，推进外汇市场交易确认标准应用。显著扩大交易冲销规模，提前终止利率互换合约金额占同期交易金额的36%，增加13个百分点。引导市场优化货币掉期计息等现金流计算规则，推广风险重置业务。

构建市场交易生态，推动iDeal开放发展。持续探索发展旗舰店，与机构合作丰富服务内容与形式。拓展iDeal应用场景，推出债券计算器、引入三方应用、嵌入外汇事前审批、上线外币货币市场智能机器人、新增外汇智能盯盘服务、整合iTrader、完善应急服务渠道。

主动探索数据赋能业务发展

完善数据信息服务。数据挖掘产品iData实现银行间市场产品全覆盖。iData产品、基准产品用户分别增至352家、727家。研究信息商分类管理举措。制定数据管理办法，规范数据存储、传输、使用全流程管理。推进新一代数据仓库建设。推出外汇参考数据接口（RDI）服务。与上海国际货币经纪公司合作推出银行间美元拆借资金面日间情绪指数。

推进数据中台建设，初步实现内部赋能。推进“数据湖”建设，基本实现报价成交等359项核心数据整合，完成231个数据融合服务建设。将数据中台成果逐步应用于数据仓库、市场监测、用户行为分析等领域。

深化数字化转型。完成系统数据交互规划。制定IT治理指标体系，完善系统建设全生命周期数字化管理。探索以数据支撑交易监管，研究引入复杂网络建模、数据可视化等技术应用。实施交易质量分析、数据合成等项目。

展望2022年，我国经济发展面临需求收缩、供给冲击、预期转弱三重压力，内部环境面临的困难挑战明显增多。在疫情冲击下，外部环境更趋复杂严峻和不确定。在此宏观背景下，交易中心将继续紧紧围绕“十四五”规划，通过创新来推动发展、破解难题，在服务好央行和市场的同时，实现自身更高质量发展。

中国外汇交易中心视频简介

目 录

图目录

表目录

第一章

货币市场交易报告

- 市场运行概述
- 市场主要特征
- 市场建设情况

2021年，银行间货币市场①规模保持平稳高质量增长，货币市场流动性合理充裕，市场利率围绕公开市场操作利率平稳运行。人民币货币市场运行呈现质押式回购占比提升、全市场加权利率与存款类机构间加权利率利差降低、政策性银行及股份制商业银行净融出规模增多、证券公司和基金等非银机构净融入规模上升等特征。2021年，银行间货币市场通过报价发行机制支持发行证券公司短期融资券并创新推出买断式回购多券功能，为市场成员提供了更丰富的流动性管理工具和发行投资便利。

一、市场运行概述

（一）规模稳中有进，市场高质量发展

2021年，银行间人民币货币市场全年发行、交易量合计1 186万亿元，日均规模4.7万亿元，同比增长5%。其中，质押式回购全年成交1 040万亿元，在人民币货币市场中占比为88%，规模较上年增长9%；信用拆借和买断式回购交易量分别为119万亿元和5万亿元，同比分别下降19%和33%；同业存单发行量为22万亿元，同比增长15%；证券公司短期融资券发行量为0.6万亿元。外币货币市场全年成交82.2万亿元，同比增长16.6%，外币

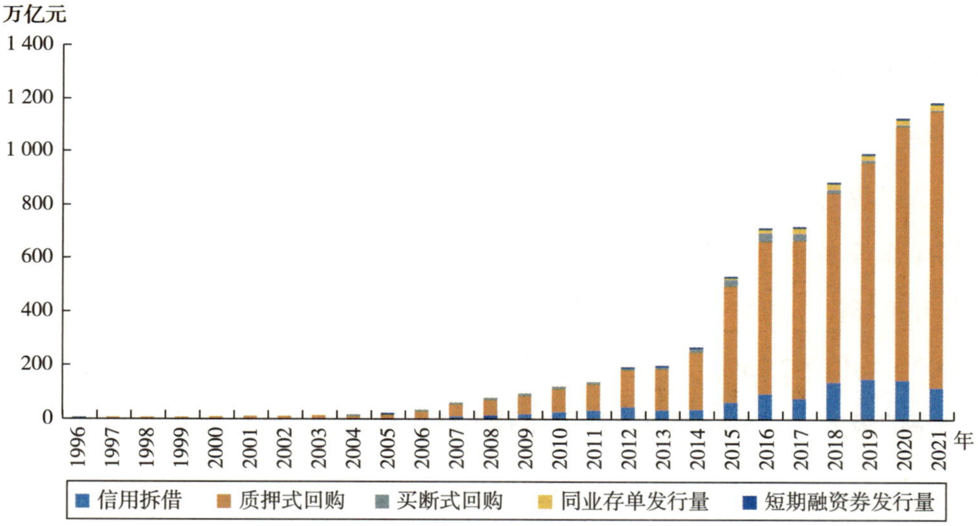

图1-1　1996—2021年人民币货币市场发行、交易量走势

（资料来源：中国外汇交易中心）

① 包括人民币货币市场和外币货币市场。前者主要交易信用拆借、质押式回购、买断式回购等产品；后者主要交易外币拆借、外币回购等产品。

拆借和回购全年分别成交12.4万亿美元和2 874亿美元，同比分别增长23.3%和135.7%。2021年，银行间货币市场保持了总体平稳、稳中有进的高质量发展态势，为货币政策传导提供了有力支撑，金融服务实体经济效能不断提升。

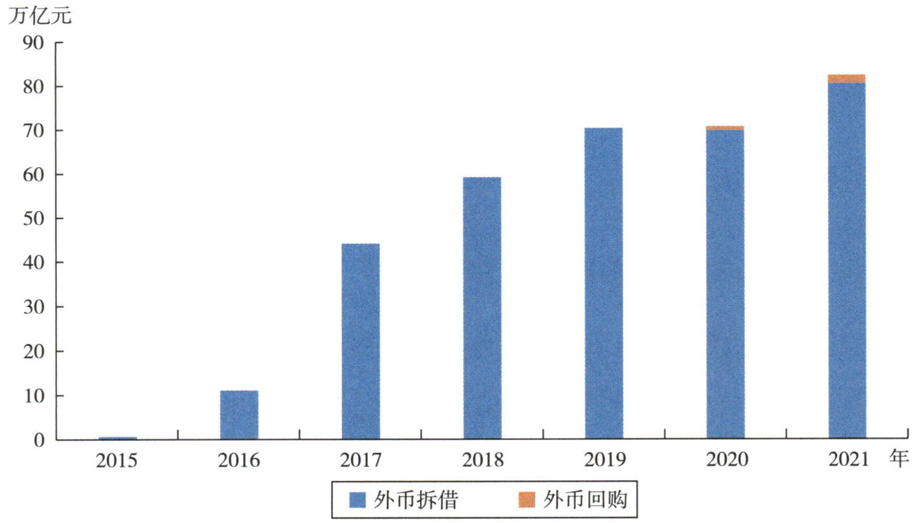

图1-2　2015—2021年外币货币市场交易量走势

（资料来源：中国外汇交易中心）

（二）流动性合理充裕，利率走势平稳

2021年，在世界百年未有之大变局和新冠肺炎疫情全球大流行交织的情况下，人民银行坚持“以我为主”的货币政策，综合运用降准、再贷款、再贴现、中期借贷便利、公开市场操作等多种货币政策工具，满足金融机构合理的流动性需求，引导货币市场利率围绕公开市场操作利率平稳运行。2021年，货币市场存款类机构7天质押式回购加权利率（DR007）均值为2.25%，较2020年抬升13个基点；波动幅度进一步收窄，DR007日加权平均利率的极差①为152个基点，较上年减少13个基点；波动标准差②为0.19，较上年降低0.15。

① DR007极差为2021年DR007最大值减去DR007最小值。

② 标准差为DR007日加权平均利率与年平均加权利率差值的平方和的算术平均数的平方根。

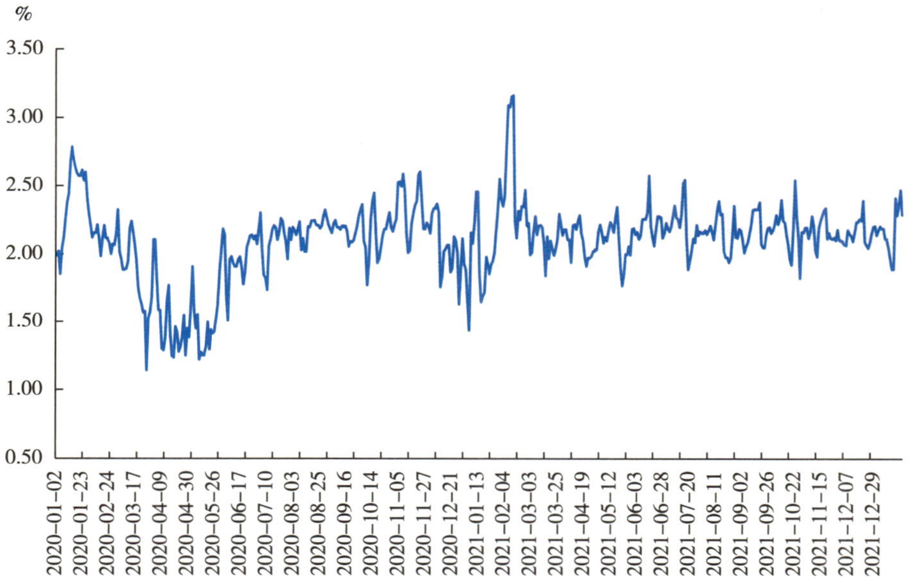

图1-3　2020—2021年人民币货币市场DR007走势

（资料来源：中国外汇交易中心）

（三）外币货币市场平稳快速增长，隔夜交易占主导

2021年，外币货币市场成交13万亿美元，日均成交524亿美元，同比增长25%，年内最高单日成交量突破700亿美元。其中，外币拆借日均成交512亿美元，同比增长23%，在外币利率市场中维持主导地位；外币回购日均成交12亿美元，同比增长136%。从交易期限分布看，隔夜交易仍为主体，占比为83%，较上年下降4个百分点；隔夜至1个月以内交易有所上升，占比为15%，较上年上升4个百分点；1个月以上交易相对平稳，占比约为2%。

二、市场主要特征

（一）质押式回购成交占比进一步提升

2021年全年，银行间质押式回购、买断式回购、信用拆借三大市场总成交量为1 164万亿元，较上年增长5.2%，日均成交4.7万亿元。分品种看，呈现质押式回购占比提升、其余品种占比下降的特点。质押式回购成交1 040.5万亿元，占比为89.4%，较上年提高3.3个百分点；买断式回购成交4.7万亿元，占比为0.4%，较上年下降0.2个百分点；信用拆借成交118.8万亿元，占比为10.2%，较上年下降3.1个百分点。

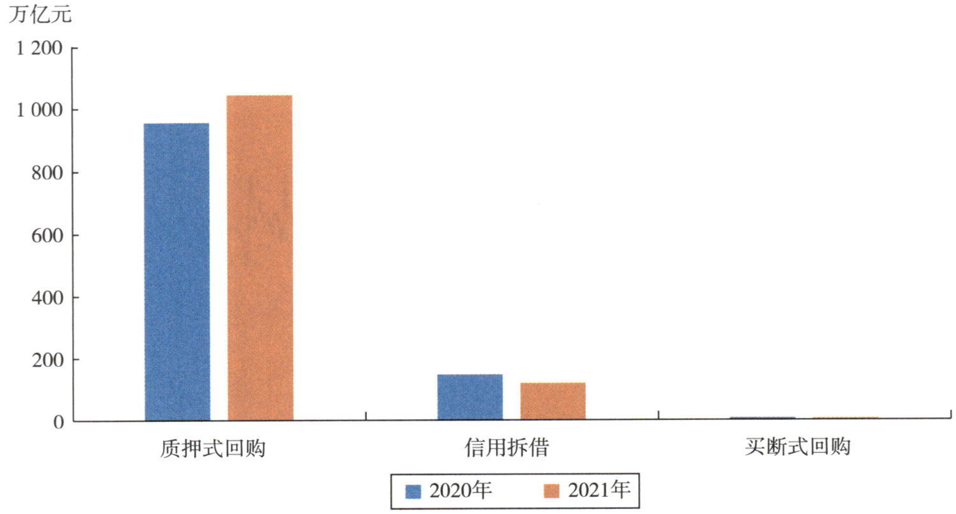

图1-4　2020—2021年人民币货币市场分品种成交量

（资料来源：中国外汇交易中心）

（二）全市场与存款类机构间利差收窄，流动性分层情况减弱

市场通常用全市场加权利率（R）与存款类机构间加权利率（DR）之间的利差来衡量非银行机构流动性，一定程度上反映了非银行金融机构与银行融资成本之间的差异。2021年，R与DR之间的利差有所降低。7天质押式回购利率R007和DR007之间利差中枢为8个基点，同比收窄8.9个基点，位于历史28%分位水平；隔夜质押式回购利率R007和

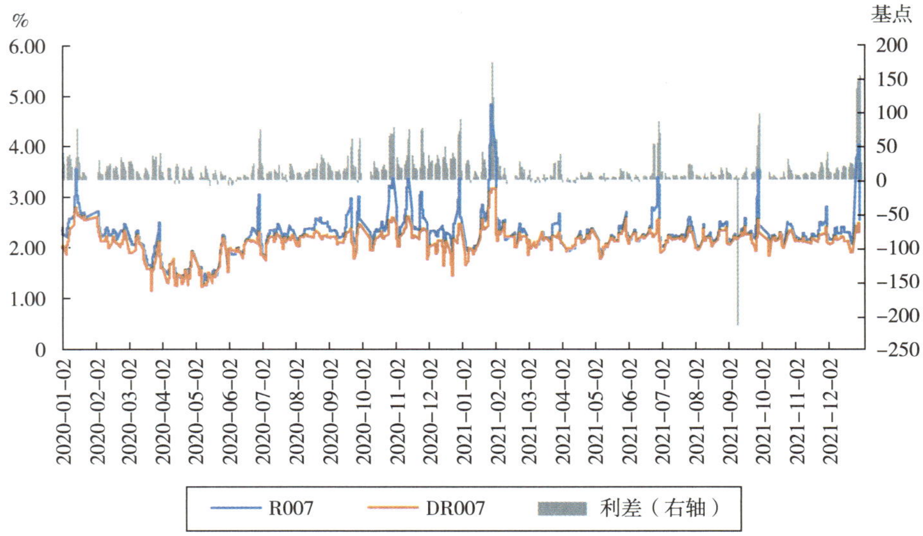

图1-5　2020—2021年R007与DR007之间的利差水平

（资料来源：中国外汇交易中心）

DR007之间利差中枢为4个基点，同比收窄2.7个基点，位于历史24%分位水平。R与DR利差保持在历史相对低位，说明流动性分层情况减弱，流动性从银行到非银传导更加有效，非银机构的流动性状况合理充裕。

（三）政策性银行及股份制商业银行净融出规模上升

2021年，大型商业银行尽管仍然是最大净融出方，但净融出同比下降27.3%至176.0万亿元，股份制商业银行和政策性银行净融出规模则分别同比大幅增长54%和23%至141.4万亿元和121.5万亿元。从余额占比看，大型商业银行净融出余额占比下降12.1个百分点至27.8%，股份制商业银行和政策性银行净融出余额占比分别上升6.2个百分点和1.8个百分点。同时，证券公司、基金等非银机构净融入增多。2021年证券公司、基金、基金专户净融入分别为158.9万亿元、144.6万亿元和32.8万亿元，分别同比增长16.7%、9.9%和38%。

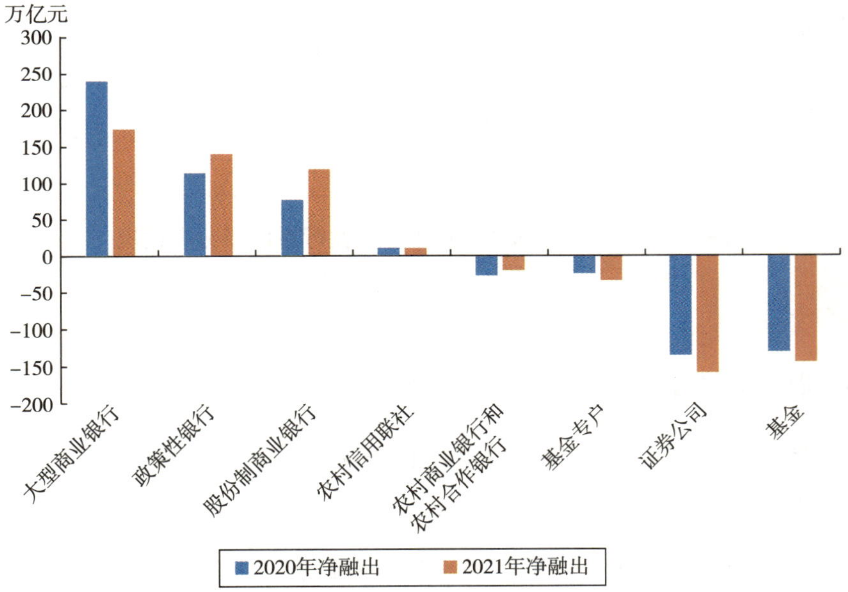

图1-6　2020—2021年人民币货币市场分主体净融出情况

（资料来源：中国外汇交易中心）

（四）同业存单一年期占比提升，银行净融资增长

2021年以来流动性保持合理充裕，同业存单发行成本相对较低。一方面，发行人倾向于发行长期限同业存单锁定较低融资成本，1年期存单发行占比显著回升。2021年1年

期同业存单发行量占比较上年提升17个百分点至47.2%。另一方面，同业存单净融资同步回升。2021年同业存单发行21.81万亿元，同比增长14.8%；净融资2.8万亿元，同比显著增长541%。其中大型商业银行和股份制商业银行同业存单净融资分别同比增长99.8%和137.7%，城市商业银行和农村商业银行同业存单净融资由负转正，分别为6 770.7亿元和1 808.4亿元。

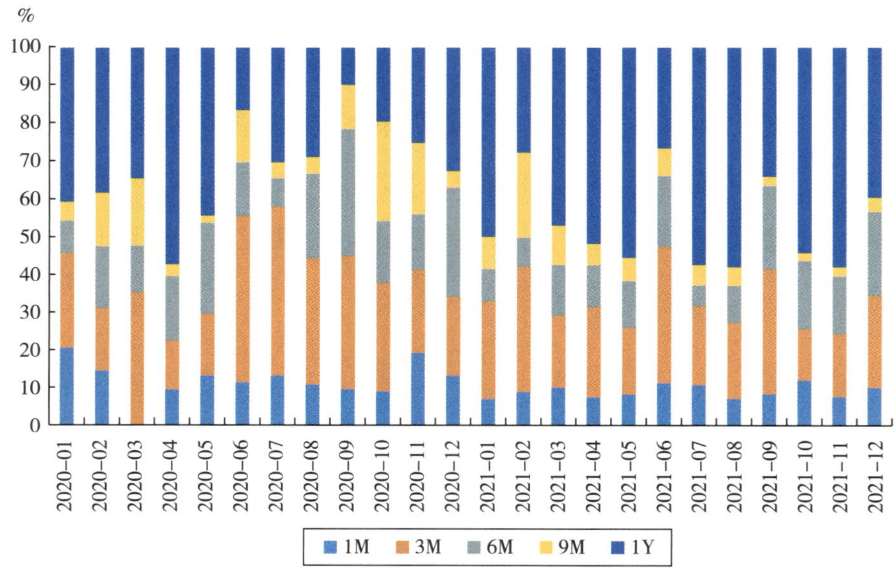

图1-7　2020—2021年同业存单发行量期限分布情况

（资料来源：中国外汇交易中心）

（五）同业存单发行利率整体震荡下行，信用利差收窄

2021年，同业存单发行利率与货币市场利率同向波动，呈现先上后下再上的震荡下行走势。具体来看，同业存单发行利率2月达最高点后震荡下行，第二季度一年期存单利率围绕3.0%附近波动，下半年受降准影响，存单发行利率继续震荡下行，1年期同业存单利率运行在2.65%至2.8%区间。2021年末，主要股份制商业银行的3M、1Y同业存单发行利率分别较上年末下行19个基点和25个基点。同时，同业存单信用利差有所收窄，波动幅度下降。主要股份制商业银行与AA+评级发行人的3M存单平均利差为30个基点，环比下降5个基点，利差波动幅度环比收窄93个基点至59个基点。

图1-8 2020—2021年主要股份制商业银行同业存单发行利率走势

（资料来源：中国外汇交易中心）

（六）非法人产品对同业存单需求增加，持有占比提升

2021年同业存单持仓中非法人产品持有占比明显提升。2021年12月非法人产品存单托管量占比较上年提升8个百分点至57.2%，银行存单托管量占比较上年下降9个百分点至34%。非法人产品对同业存单需求上升一方面受到货基规模增长影响，2021年货币基金规模同比增长17%，且货币基金偏好配置同业存单。另一方面，现金管理类理财新规正式落地，可投资资产范围等监管要求基本与货币基金保持一致，带动现金管理类理财对同业存单的配置需求同步提升。

（七）境内外币流动性充裕，抗冲击能力进一步提升

境内美元隔夜拆借利率全年基本维持在0.01%~0.05%的历史低位，与境外美元利差较上年进一步缩小，全年约90%交易日的利差维持在2个基点以内的较低水平。境内利率曲线波动相对平缓，表现出强韧的抗风险冲击能力。以2021年初美国拜登政府财政刺激计划及美联储鲍威尔宽松立场事件为例，SOFR震荡下跌至0.01%年内最低点，境内美元拆借隔夜利率则稳定保持在0.01%水平，相比之下波幅远小于境外。

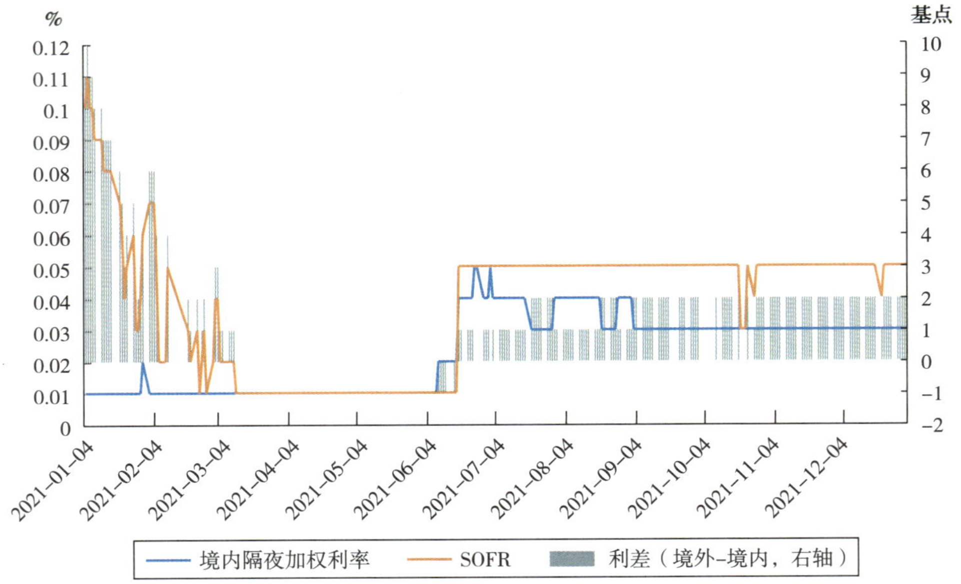

图1–9　2021年境内美元拆借隔夜加权利率与SOFR利率

（资料来源：中国外汇交易中心）

三、市场建设情况

（一）支持证券公司短期融资券电子化发行交易

为积极落实人民银行修订的《证券公司短期融资券管理办法》有关要求，保障货币市场平稳健康发展，交易中心于2021年9月发布《证券公司短期融资券发行交易规程》，为证券公司短期融资券（以下简称券商短融）提供发行、交易和信息披露服务。交易中心通过报价发行机制支持发行券商短融，不仅有效提升了发行市场化程度和规范性，同时对提高发行效率、促进市场化定价、实现“随行就市”发行、形成相关利率曲线等具有重大作用。截至2021年末，交易中心已成功组织31家证券公司发行107单，募资近2 000亿元，期限涵盖3个月至1年，市场反应良好，投资者认购踊跃；在报价发行机制下，一二级市场利差从12个基点收窄至接近零，发行环节定价作用显著增强。

（二）创新推出买断式回购多券功能

为进一步提升买断式回购业务竞争力和交易便利度，在人民银行指导下，交易中心探索优化买断式回购交易机制，从2021年7月起正式推出单笔交易支持多只回购债券买断式回购报价交易功能。自推出以来，买断式回购多券业务运行稳定，多家市场成员积极参与。买断式回购多券业务为市场成员提供了更丰富的流动性管理工具，可有力提升回购交易结算效率。

（三）外币货币市场业务创新提升外币融资效率

落地与中央国债登记结算有限责任公司（以下简称中央结算公司）的外币回购业务合作。2021年7月12日，交易中心与中央结算公司合作推出以中央结算公司托管债券为抵押品的外币回购业务，采用外币回购自动选券模式支持外币回购市场进一步深化发展。交易中心与中央结算公司通力协作，首创外币回购自动选券模式，通过在外币回购市场引入中央结算公司作为独立第三方机构，为投资者提供逐日盯市、自动调整、违约处置等全流程的担保品管理服务，对进一步提升外币融资效率、防范市场信用风险、提升机构金融资产配置效率具有重要意义。

拓展外币回购押品范围和应用场景。2021年5月17日，交易中心成功推出以外币同业存单为抵押品的外币回购业务，外币回购抵押品范围进一步扩展，目前业务已支持境内外多币种、多类型的抵押品，满足不同参与机构的交易需求，提升机构外币资产负债管理效率。2021年11月30日，拓展外币回购代收发报文业务至二级托管模式，为参与机构提供从交易、交易确认、代发报文指令、代收反馈报文，提供指令状态、结算状态等一站式全流程服务，进一步降低各类机构交易参与成本，通过与多种模式下的托管机构深化合作，共同推进银行间市场开放交易生态。

专栏1.1

新规唤新貌：券商短融线上发行服务

券商短融自2004年推出以来，逐渐成为证券公司进行流动性管理、实现短期资金融通需求的重要工具，也是各类投资者进行投资交易的重要标的。

为规范券商短融发行和交易，人民银行2021年7月修订发布《证券公司短期融资券管理办法》，明确券商短融为货币市场工具，在加强以流动性管理能力为核心的主体资质管理的基础上，大幅提升了券商短融发行的灵活性和便利性，更好地满足了证券公司的短期资金融通需求。

交易中心积极落实人民银行有关要求，于2021年9月1日发布《银行间债券市场证券公司短融发行交易规程》，并于当日起为券商短融提供线上发行、交易和信息披露服务。新规实施以来，三十余家证券公司已通过报价发行机制完成发行，数百家投资者成功认购。与此前相比，新规后券商短融不仅发行周期缩短、发行效率大幅提升，发行利率市场化程度和发行人自主定价能力也得到显著提升，发行人主动负债管理趋势逐步深化，投资者也呈现类型多元化、直接认购比例提升等特征。

与此同时，为更好地服务市场成员开展业务，交易中心不断完善发行交易服务，持续提升券商短融发行交易及信息披露便利，通过提供发行前路演服务、编制发布券商短融收益率曲线、创新优化支持按发行量相关比例认购等举措，不断提升券商短融市场的建设质量和市场效率。

下一步，交易中心将继续按照人民银行要求，不断完善金融基础设施服务，优化券商短融发行交易服务，加强一二级市场联动，为发行投资提供更多便利、更优体验。

第二章
债券市场交易报告

- 市场运行概述
- 市场主要特征
- 市场建设情况

2021年，银行间债券市场平稳发展，交易规模略有下降，交易精细化程度提升；投资者继续扩容，非银机构参与力度增强；利率债交易定价连续性持续提升，X-Bond活跃券交易占比显著提高；多空分歧催长借券需求，债券借贷显著增长；发行业务取得新突破，一二级联动效应增强，有力支持实体经济发展。截至2021年末，银行间债券市场余额达到114.7万亿元，占我国债券市场存量的86%，占比与上年持平。

一、市场运行概述

（一）市场交易规模略有下降，成交笔数大幅提升

2021年，债券市场总计成交224万亿元，同比降低6.6%。其中，现券成交214万亿元，同比下降8%；债券借贷成交10.2万亿元，同比增长35.5%。从交易笔数来看，现券成交425万笔，同比增长35%，体现市场交易精细化程度提升。从交易期限看，5年期以下品种成交最为活跃，成交金额为129.4万亿元，占全市场的60.3%。

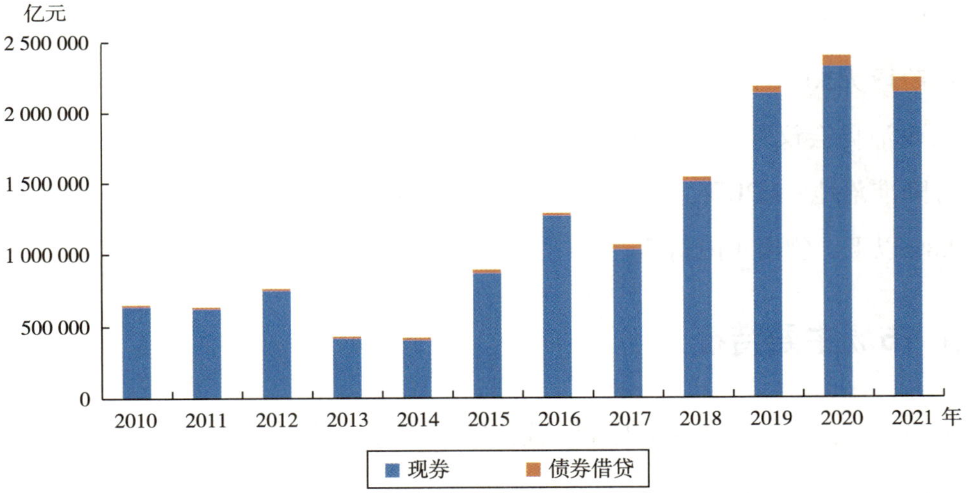

图2-1　2010—2021年银行间债券市场交易量

（资料来源：中国外汇交易中心）

（二）参与主体进一步增加，类型更为广泛

2021年，市场新增法人286家，新增产品类账户5 234个，截至2021年末，市场成员总数突破4.2万家。成员类型更为广泛，涵盖商业银行、证券公司、基金公司等法人机构和基金、保险、信托等各类非法人产品。

（三）收益率震荡下行，曲线整体下移

2021年，债券市场呈现震荡下行。截至2021年末，1年期、10年期国债收益率分别收于2.24%、2.78%，较上年末分别下行约22个基点和约36个基点，曲线较2020年末整体下移，未出现较明显的陡峭。从整体上看，市场全年走势可分为四个阶段。

第一阶段为2021年1月初至2月中。受国内外通胀走高预期、对跨节流动性的担忧以及央行稳健货币政策的影响，债券收益率快速上行，达到全年最高点，10年期国债收益率上行至3.28%，1年期国债收益率上行至2.72%。

第二阶段为2021年2月中至8月中。受春节后需求恢复、货币政策企稳预期升温影响，债券收益率加速下行。6月地方债供给加速，7月央行宣布降准，宽货币预期升温，地产调控加码，债市加速下行，10年期国债收益率最低降至2.8%，较年内高点下行47个基点；1年期国债最低降至2.11%，较年内高点下行61个基点。

第三阶段为2021年8月中至10月中。受地方债供给加速、信贷座谈会召开、监管微调等影响，宽信用预期再起，债券收益率曲线小幅震荡上行。理财产品的净值化转型导致银行资本债受到冲击。

第四阶段为2021年10月中至12月末，利率重回下行。11月央行推出碳减排支持工具，中央政治局会议强调“稳字当头”“着力稳定宏观经济大盘”的基调提振市场信心，12月降准落地、LPR降息，债市做多情绪升温，债市收益率下行，10年期国债收益率降至2.8%以下，创出年内新低。

二、市场主要特征

（一）地方债发行规模增幅明显，发行节奏较往年偏慢

2021年，债券市场发行各类债券合计约61.76万亿元（银行间市场近55万亿元），较上年增加4.87万亿元，净融资16.36万亿元，较上年减少9 200亿元。其中，政府债券[①]发行14.28万亿元，较上年增加0.72万亿元；政策性金融债发行5.56万亿元，较上年增加0.36万亿元；信用债[②]发行16.16万亿元，较上年增加1万亿元；同业存单发行21.8万亿元，较

① 含国债、地方政府债。

② 含企业债、公司债、中票、短融、定向工具、资产支持证券、政府支持机构债、可转债。

上年增加2.82万亿元。

全年地方债发行增幅最大，发行节奏较往年偏慢。2021年，地方债发行7.48万亿元，较上年增长16%，增速在各大类债券中居首位；同业存单发行增速为15%，紧随其后。其中，新增一般债7 832亿元，新增专项债35 805亿元，全年新增限额基本使用完毕，总剩余1 063.2亿元。地方债发行期限有所缩短，全年加权平均期限为11.9年，较上年缩短2.7年。2021年新增专项债发行进度偏慢，发行量明显后置。2021年3月末，新增专项债才开始发行，前三季度仅发行65%，低于往年90%的水平，最后两个月发行超7 000亿元，明显高于前两年同期。究其原因，既与提前批额度下达时间较晚有关，也与发债项目审核标准趋严和上年结余资金未形成实物工作量有关。

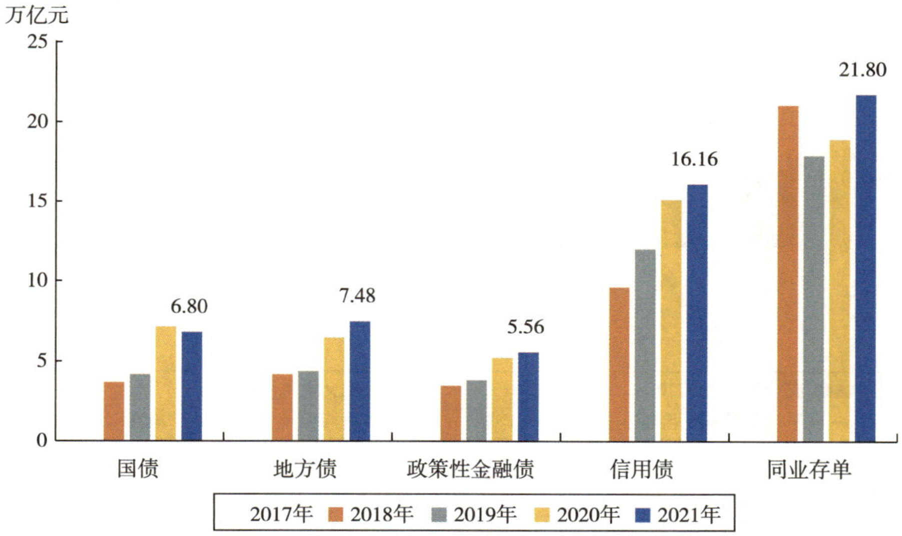

图2-2　2017—2021年债券市场各类型债券发行规模

（资料来源：Wind）

（二）交易活跃度大幅提高，交易精细化程度加深

2021年市场利率区间震荡下行，市场成员充分利用各类交易机制挖掘成交机会，交易活跃度持续增加，市场机构交易精细化程度不断加深。全年现券交易425.9万笔，较上年增长35%，平均单笔成交金额4 995万元，较上年减少32%。从债券类型看，政策性金融债、国债、金融债交易笔数增加最多，全年分别成交223.5万笔、69.7万笔、17.6万笔，较上年分别增加65.2万笔、16万笔、10.3万笔，增幅分别为41%、30%、

141%；地方政府债、同业存单、国债、政策性金融债单笔成交金额降幅均较为明显，全年平均单笔成交金额分别为0.56亿元、1.32亿元、0.57亿元和0.36亿元，较上年分别减少60%、24%、33%、34%。从机构类型看，证券公司、农村商业银行和合作银行、城市商业银行交易笔数增加最多，较上年分别增长36%、56%和23%；城市商业银行、股份制商业银行、农村商业银行和合作银行单笔成交金额降幅较为明显，较上年分别减少55%、40%和35%。

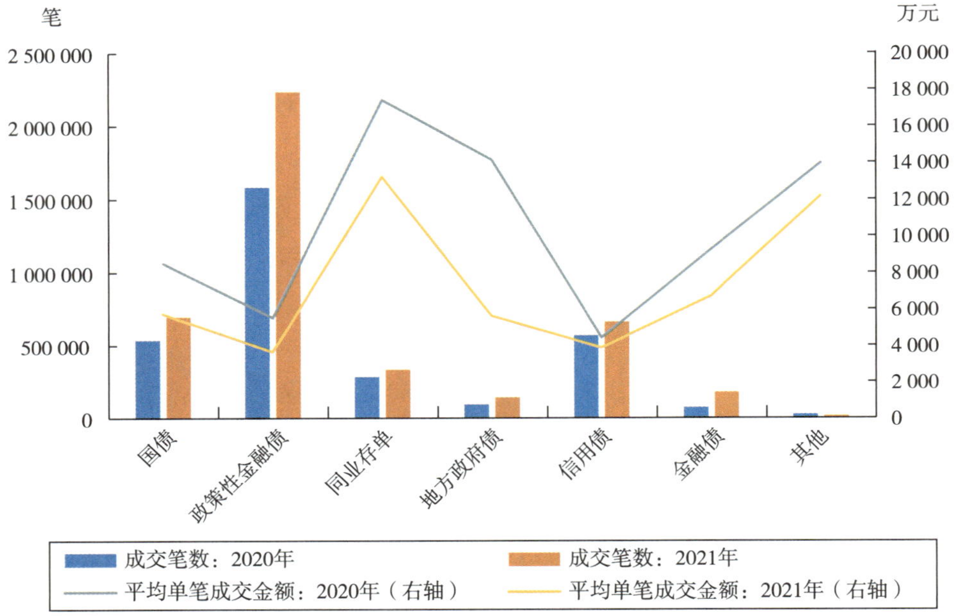

图2-3　2020—2021年现券市场各类型债券成交笔数及平均单笔成交金额

（资料来源：中国外汇交易中心）

（三）金融债配置价值提升，成交量增幅显著

在理财净值化转型、基本面走弱和信用收缩环境下，机构可配置资产范围减小，具有低风险、高票息收益的二级资本债、银行永续债等金融债脱颖而出。

2021年，金融债成交量明显增加，全年成交11.8万亿元，较上年增长75%，市场占比为6%，较上年上升3个百分点；其中，二级资本工具、无固定期限资本债券分别成交4.4万亿元和3.3万亿元，较上年增幅均超100%，市场占比均为2%，较上年均上升1个百分点。利率债成交量有所减少，2021年国债、地方政府债、政策性金融债、同业存单市场占比分别为19%、4%、38%和21%，较上年分别下降1个、下降2个、持平和下降1个百分点，四者总体成交量较上年减少22.7万亿元；信用债[①]成交量基本与上年持平，市场占比为12%，较上年上升1个百分点。

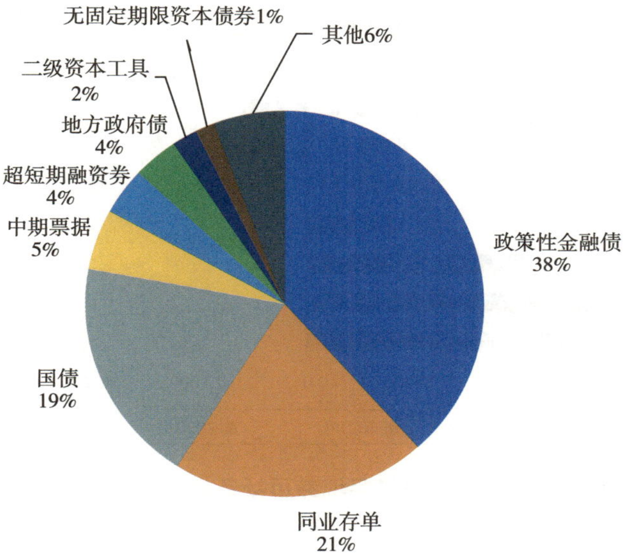

图2-4　2021年现券市场各类型债券交易量占比

（资料来源：中国外汇交易中心）

（四）非银参与力度增强，公募基金和私募资管净买入

从交易情况看，城市商业银行交易活跃度有所下降，非银机构及非银产品交易活跃度提升。2021年，证券公司、城市商业银行、农村商业银行和合作银行、股份制商业银行、公募基金、私募资管成交市场占比分别为32%、18%、11%、9%、8%和5%，较上年分别上升4个、下降12个、上升1个、下降1个、上升2个、上升2个百分点。现券市场的主要净买入方为公募基金、私募资管、保险及保险资管、银行理财，全年净买入量分别为7.25万亿元、2.74万亿元、2.45万亿元、2.26万亿元；主要净卖出方为股份制商业银行、城市商业银行、证券公司，全年净卖出量分别为6.51万亿元、6.01万亿元、4.26万亿元。从增量看，私募资管净买入量明显增多，较上年增加2.1万亿元，其次为公募基金、保险及保险资管；城市商业银行净卖出量明显增多，较上年增加0.71万亿元，其次为股份制商业银行、大型商业银行。

① 含企业债、中票、短融、超短融、定向工具、资产支持票据、绿色债务融资工具、项目收益票据。

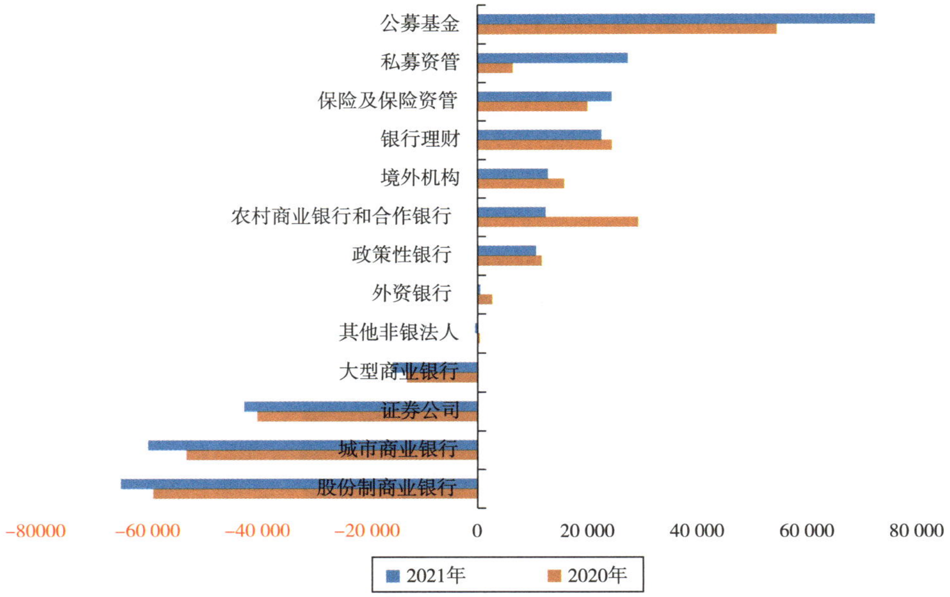

图2-5　2020—2021年现券市场各类型机构交易净额

（资料来源：中国外汇交易中心）

（五）利率债交易定价连续性提升，X-Bond活跃券交易占比显著提高

2021年，X-Bond全年成交104.6万笔，较上年增长96%；全年成交27.1万亿元，较上年增长5%；全年日均成交1 083亿元，在现券市场中的占比由上年的11%升至13%。21国开05、21国开10、20国开15、21国开15、20附息国债16、21附息国债09成交最为活跃，合计成交98.1万笔、23.4万亿元，市场集中度分别为94%和86%，较上年分别提升12个、45个百分点。其中，最活跃券21国开05全年成交36.9万笔、8.9万亿元，市场占比约为三分之一。

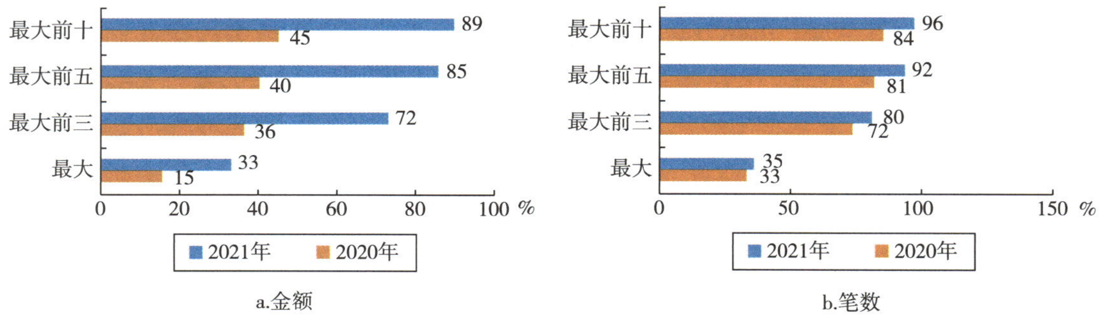

图2-6　2020—2021年X-Bond交易集中度

（资料来源：中国外汇交易中心）

（六）多空分歧催长借券需求，债券借贷交易量上升

2021年，债券借贷成交7.2万笔，标的券券面总额10.2万亿元，较上年增长35%；参与融券机构数量365家，较上年增长29%。2021年以来债券供给、资金面等短周期因素扰动，市场多空博弈力量相当，债市收益率整体震荡波动，机构融券卖空的积极性有所增加。从机构类型看，借入方证券公司、农村商业银行等成交增加明显，全年分别成交4万亿元、1.9万亿元，较上年分别增加0.9万亿元、1万亿元；借出方城市商业银行、农村商业银行等成交增加明显，全年分别成交3.6万亿元、3万亿元，较上年分别增加1.1万亿元、1.4万亿元。借贷标的券仍以政策性金融债、国债为主，两者占比达94%，较上年上升4个百分点，最活跃券为21国开10和21国开05；借贷质押券同样以政策性金融债、国债为主，两者占比达96%，较上年上升3个百分点，最活跃券为20附息国债14和19附息国债04。

三、市场建设情况

（一）落实做市制度改革

为落实人民银行发布的《完善银行间债券市场现券做市商管理有关事宜》有关要求，交易中心积极开展配套制度制定、交易系统优化支持等工作，推动银行间债券市场做市商制度改革迅速落地，确保新老规则平稳过渡。一方面，发布《银行间债券市场现券做市商业务操作指引》，做好存量做市商转换的整体组织工作，顺利完成新老转换，并新增10家做市商。另一方面，为更好支持做市机构开展做市业务，交易中心在新规下进一步优化完善交易系统功能，推进电子化交易基础设施功能建设，同时上线做市报价合规监控等功能，支持做市机构高质高效开展做市业务。

（二）完善债券做市支持服务

为贯彻落实党中央关于“健全反映市场供求关系的国债收益率曲线”精神，交易中心持续做好国债做市支持服务工作，助力提升国债二级市场流动性，促进一级市场、二级市场协调发展。同时，交易中心持续完善政策性银行债券的做市支持服务，2021年以来，国开债做市支持服务首次对境外需求开展随卖操作，口行债做市支持服务成功推出并于2021年6月开展第一次操作、11月起开展常态化操作，有效提升存量债券活跃度。全年，财政部通过做市支持操作平台开展国债操作12次、225.1亿元，国家开发银行开展国

开债操作20次、183亿元，中国进出口银行开展口行债操作3次、30亿元。

（三）完善债券匿名拍卖业务（X-Auction）

交易中心按月定期组织开展债券匿名拍卖业务，形成了稳定的市场预期，为提高高收益债券流动性，2021年8月还顺应市场需求临时新增拍卖场次；达成4 000万元成交。截至2021年12月末，低流动性债券及到期违约债券匿名拍卖业务合计开展30次；成交21.38亿元，其中到期违约债券成交11.1亿元。

（四）加强旗舰店建设

交易中心会同旗舰店机构进一步拓展开放式客户端建设，提升合作黏性。2021年3月，平安银行旗舰店正式登陆本币交易平台，成为首家开通旗舰店的商业银行，通过提供现券/利率互换利差交易，实现电子化跨品种基差交易，丰富金融机构交易策略，加强银行间市场现货及衍生品的联动机制，提升现货及衍生品市场的价格发现效率。平安证券旗舰店在推出债券利差交易品种的基础上，持续完善可视化行情展示，推出融资服务，进一步提升综合金融服务。

（五）新增债券承分销全流程服务

交易中心于2021年6月制定并发布《全国银行间同业拆借中心本币市场承分销交易操作规程（试行）》，支持承销商为多类型债券提供承分销服务，并提供标准化分销凭证。交易中心债券承分销全流程服务通过集中化管理和标准化电子凭证，降低了操作风险和人力成本，且全流程留痕可查，支持开展事中事后监测，全面提高了承分销业务的效率和透明度。截至2021年末，承分销业务参与机构共计143家，承销商发布利率债信息3 627条、信用债信息3.3万条，完成债券认购、分销共2 145笔。

专栏2.1

做市商制度改革

2021年，交易中心持续推进落实银行间债券市场做市商制度改革，为做市业务提供服务支持和便利。一是促进做市新规实施平稳过渡。根据人民银行“以市场化原则改革做市商制度”的部署，制定发布相关操作指引，组织83家存量做市商以及10家增量做市商做好沟通交流、做市协议签署、业务指导等工作，安排专班监测做市运行情况。二是加大市场宣传力度，积极引导金融机构通过电子化平台直接达成交易，提升做市商自主报价意愿，提高债券定价能力。三是同步完善交易系统功能，大力支持做市商通过接口开展自动化报价，推动自动化业务有序发展。

改革以来，做市报价活跃度明显增加，做市成交显著提升。从做市报价看，全年做市报价3 828万笔，是2020年的近5倍，日均报价债券4 698只，涵盖国债、政策性金融债、地方政府债、商业银行普通金融债、公司信用债等，促进多债券品种的价格发现。从报价价差看，各类型双边报价价差均明显收窄，比如2021年第四季度利率债、公司信用债价差较改革前分别收窄13个基点、39个基点，活跃券报价价差可维持在0.5个基点以内。从做市成交看，做市日均成交3 511笔、日均925亿元，同比分别增长104%和1%。

专栏2.2

CFETS债券发行全流程服务

2021年6月，交易中心依托本币交易平台发行系统、即时通讯工具iDeal，推出了CFETS债券发行全流程服务，支持同业存单、金融债券、证券公司短期融资券、标准化票据等各类债券及货币市场工具发行及承分销。

2021年，建设银行、华夏银行、上海银行、北京农商行等9家发行人通过交易中心簿记发行10只金融债券，发行量共计1 448亿元；143家市场机构通过iDeal开展债券承分销业务，共计完成债券认购、分销2 145笔。

针对当前一级市场以线下操作为主的现状，CFETS债券发行全流程服务将发行流程中“询价、认购、招标簿记、中标分配、分销上市”五个关键节点线上化，通过系统自动完成发行和配售，并提供统一的标准化电子凭证，全程留痕支持事中事后监测，有利于提高发行效率和透明度，提升一级市场定价功能，夯实金融服务实体经济质效，防范化解重大金融风险。

下一步，交易中心将继续完善发行全流程系统功能与服务，携手市场参与主体提升资源配置效率，推动形成一二级市场联动的新发展格局。

专栏2.3

收盘价交易机制

随着2021年10月末中国国债纳入富时世界国债指数（WGBI），境外投资者对中国债券市场的关注度和参与度进一步提升。为更好服务境外投资者、便利国际指数投资者交易，交易中心于2021年11月29日推出以债券收盘估值为定价基准的交易服务（以下简称收盘价交易服务）。

通过收盘价交易服务，境外投资者可以在日间交易时段以交易中心债券收盘估值加/减利差的形式与境内做市机构达成交易，进而提前锁定调仓交易以及交易的相对价格，有效缩小指数跟踪误差、提升调仓交易效率。

收盘价交易服务推出后，境内外机构踊跃参加，共18家境外投资者通过收盘价交易服务开展交易，境外投资者主要为境外养老基金产品，境内做市机构主要为中资商业银行、中资券商、外资银行等，券种主要为国债，均采用CFETS债券收盘估值作为报价基准。

第三章

外汇市场交易报告

- 市场运行概述
- 市场主要特征
- 市场建设情况

2021年，银行间外汇市场[①]交易规模继续稳健增长。人民币汇率双向波动态势明显，整体上呈现升值趋势，汇率定价自主性增强。做市商制度持续优化，报价质量提高，市场流动性持续改善，分层特征凸显。境内外币流动性保持充裕，市场抗冲击能力进一步提升。

一、市场运行概述

2021年，在全球疫情持续冲击及国际政经形势深刻复杂变化的背景之下，银行间外汇市场交易规模稳健增长，市场发展和建设都取得了长足进步。全年市场累计成交46万亿美元，同比增长25%，各子市场和交易品种均呈现快速增长态势。

截至2021年末，人民币外汇市场会员764家，较上年末增加29家；外币对市场会员239家，较上年末增加14家；外币利率市场会员623家，较上年末增加28家。

图3-1　2011—2021年外汇市场交易量

（资料来源：中国外汇交易中心）

外币对即期市场增速持续超越人民币外汇即期市场。在即期市场上，人民币外汇即期市场仍占据主导地位，2021年累计成交10万亿美元，日均成交411亿美元，同比增长19%。外币对即期市场则快速增长，全年累计成交3 129亿美元，日均成交13亿美元，同比增长41%，为连续第四年增幅超过人民币外汇即期市场。

① 目前包括人民币外汇市场、外币对市场和外币利率市场三个子市场。人民币外汇市场和外币对市场均有即期、远期、掉期、货币掉期和期权五个交易品种。外币利率市场包括外币拆借、外币回购、外币同业存款三个货币市场品种与外币利率互换。外币货币市场详细情况参见第一章，汇率衍生品市场详细情况参见第四章。

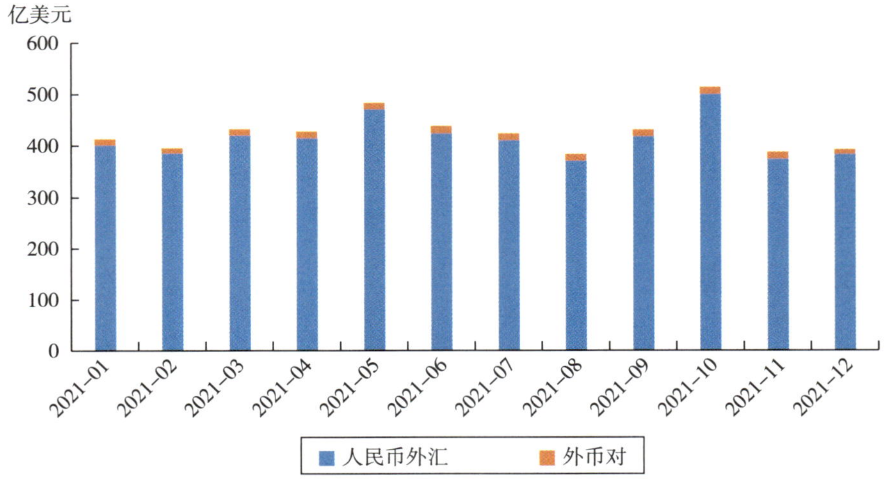

图3-2　2021年人民币外汇与外币对即期市场日均交易量

（资料来源：中国外汇交易中心）

二、市场主要特征

（一）人民币延续双向波动，汇率定价自主性增强

2021年，人民币汇率双向波动，整体上呈现升值趋势。人民币即期汇率小幅走升，对一篮子货币持续走强。人民币即期汇率年末收于6.3730，较上年末升值1 668个基点（升值2.62%），创2018年6月以来新高。CFETS、BIS货币篮子和SDR货币篮子人民币汇率指数2021年末分别收于102.47、106.66和100.34，较上年末分别上升8.05%、8.09%和6.48%。

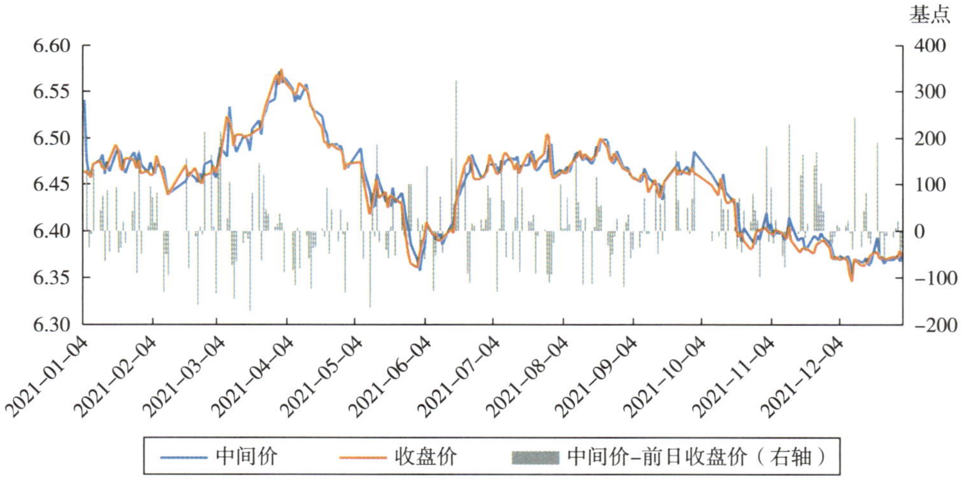

图3-3　2021年境内人民币对美元汇率走势

（资料来源：中国外汇交易中心）

在岸人民币汇率波动率下降，在全球新兴市场中走势较为稳健。全年人民币对美元汇率收盘价年化波动率为2.69%，较上年减少2.77个百分点，为2018年以来最低，显著低于巴西里亚尔（16.24%）、南非兰特（14.39%）、俄罗斯卢布（9.80%）、印度卢比（4.04%）等新兴市场货币波动率，表明在全球外汇市场整体波动加大的背景下，人民币汇率走势相对较为稳健。

下半年人民币汇率走势与美元指数背离，汇率定价自主性增强。下半年以来，在美元指数持续走强的背景下，人民币汇率未现同步贬值，反而逆势走升，人民币呈现“非对称性跟随”：美元指数下跌时相应走升，美元指数上涨时仅小幅走贬或保持震荡；全年两者相关系数约为–0.51，为近三年内首次转负。随着人民币汇率市场化程度提高，人民币汇率定价自主性显著增强。

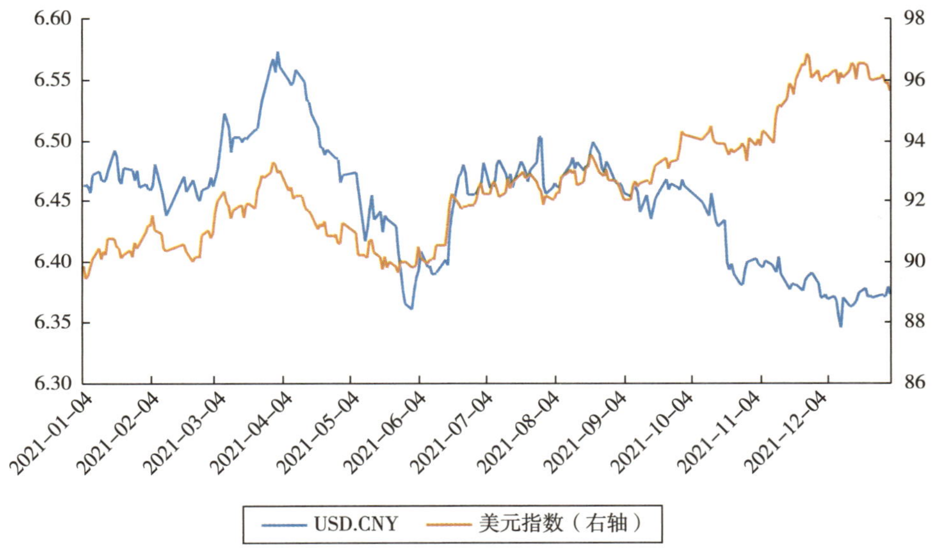

图3–4 2021年境内人民币对美元汇率与美元指数

（资料来源：中国外汇交易中心）

（二）境外机构交易保持活跃，本外币市场联动性增强

境外机构会员数量和交易规模持续增长。截至2021年末，银行间外汇市场境外会员机构176家，较上年末增加18家；其中人民币外汇市场境外会员机构130家，较上年末增加13家。全年境外机构在银行间人民币外汇市场累计成交9 233.72亿元，日均38亿元，同比增长10.1%；境外机构交易占全市场的比例为1.5%，同比略降0.18个百分点。分机构类

型看，参加行类机构日均交易量同比增长19%，交易规模占比为54%，为连续第二年保持交易规模占比和增长率最高；境外央行类机构交易规模占比保持第二，但日均交易量与前一年基本持平；人民币清算行日均交易量同比小幅增长6%。分交易品种看，境外机构交易主要以外汇掉期等衍生品交易为主，日均交易量同比增长12.27%，占其总交易量的比重为86.31%，同比上升1.7个百分点。

债券投资在人民币购售中的主导地位进一步稳固。为进一步优化债券通外汇风险管理，交易中心有序推进债券通外汇风险管理信息服务，便利香港结算行交易真实性审核和数据报送等业务。2021年，境外机构人民币购售用途中债券通和CIBM项下交易占比同比上升3.4个百分点至95.6%，与债券投资相关的外汇对冲需求依然是境外机构外汇交易的主要动因，外汇市场的功能逐渐从直接服务企业贸易投资向金融市场开放深度拓展。

境外机构交易方向与债券套期保值需求相匹配，中美利差影响境外机构交易活跃度。境外机构即期交易整体呈净卖汇方向，远期交易以净买汇为主，掉期交易基本为近端净卖汇，与境外机构长期以来在银行间债券市场购债方向基本保持一致。从中美利差看，境外机构在外汇市场交易一定程度上受中美国债收益率利差影响，下半年中美货币政策分化明显，中美10年期国债利差由2021年7月初的170个基点下行至10月的130个基点，境外投资者的债券投资需求相应下降，月度外汇交易活跃度连续4个月走低。

（三）做市商报价质量提高，市场流动性分层结构凸显

2021年1月，外汇局新版《银行间外汇市场做市商指引》对外发布，新的做市商与尝试做市机构名单自2021年2月起正式生效。做市商制度改革后，做市队伍提质增效，有效促进了市场合理分层发展以及流动性的改善。

做市商报价质量提高，市场流动性持续改善。改革后，做市商积极性与做市能力普遍增强，做市竞争更加激烈。做市商各项报价类指标均有改善，报价积极性与质量明显提高，市场最优双边报价点差逐步收窄，市场流动性不断提升。以人民币对美元即期报价情况为例，2021年2—12月早盘最优买卖报价双边点差总体逐月递减，平均较2020年同期下降3.6个基点。做市商报价积极性与质量明显提高，市场流动性不断提升。

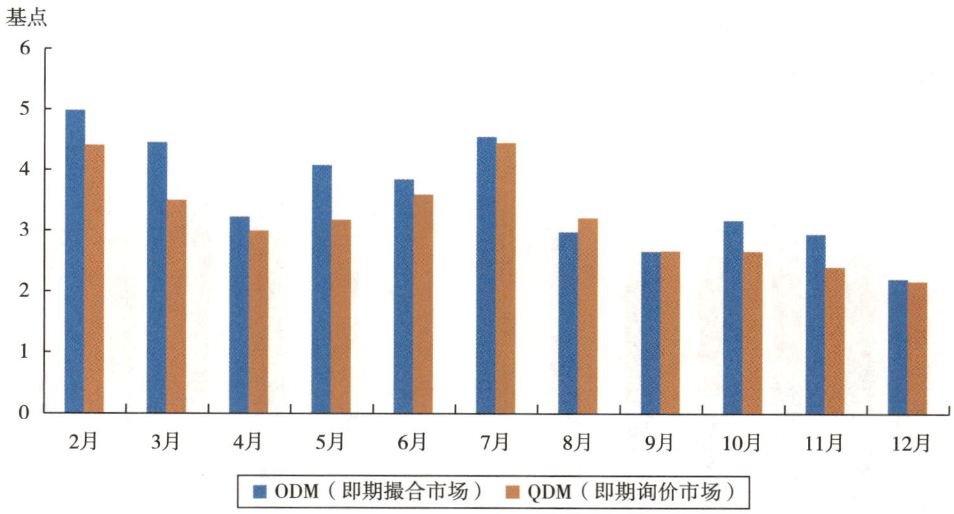

图3-5 2021年人民币外汇市场即期早盘最优报价点差
（资料来源：中国外汇交易中心）

做市机构对普通会员做市意愿显著提升，服务实体经济能力明显增强。以即期市场为例，全年做市机构对普通会员做市日均成交量146.51亿美元，较2020年增长23.67%，较2019年增长58.57%。做市商在精减后的做市量不降反增，2021年全年对普通会员日均做市成交137.27亿美元，同比增长18.57%；尝试做市机构扩充后对普通会员做市量增长迅速，2021年全年日均成交9.24亿美元，同比大幅增长242.4%。其中普通会员交易多由客盘实需驱动，做市机构流动性供给向普通会员倾斜，有助于进一步降低实体经济的外汇交易成本。

流动性呈金字塔式结构，分层特征进一步凸显。做市商制度改革后，做市商的做市量占比逐步下降后企稳，尝试做市机构做市量占比则明显提升。截至2021年末，做市商即期市场全年做市量占比下降至88.70%，较上年下降约7个百分点，尝试做市机构做市量占比上升8个百分点至10.37%；在远掉市场上，做市商远掉做市占比为88.75%，较2020年上升0.3个百分点，尝试做市机构占比上升2.3个百分点至8.65%。市场流动性供给呈金字塔式结构，分层特征更加显现。

做市业务差异化，流动性来源更加丰富，市场稳定性增强。即期询价下，做市商向普通会员净卖出外汇，尝试做市机构从普通会员净买入外汇；即期撮合下，做市商与尝试做市机构相互补充流动性。远掉询价下，做市商从市场净融入外汇，而尝试做市机构保持较小净头寸，从普通会员融入外汇，又向做市商融出外汇，起到流动性桥接作用；

远掉撮合下，做市商以净融出外汇为主，尝试做市机构以净融入外汇为主。做市业务差异化为普通会员提供了更加丰富的流动性来源，进一步增强了市场稳定性。

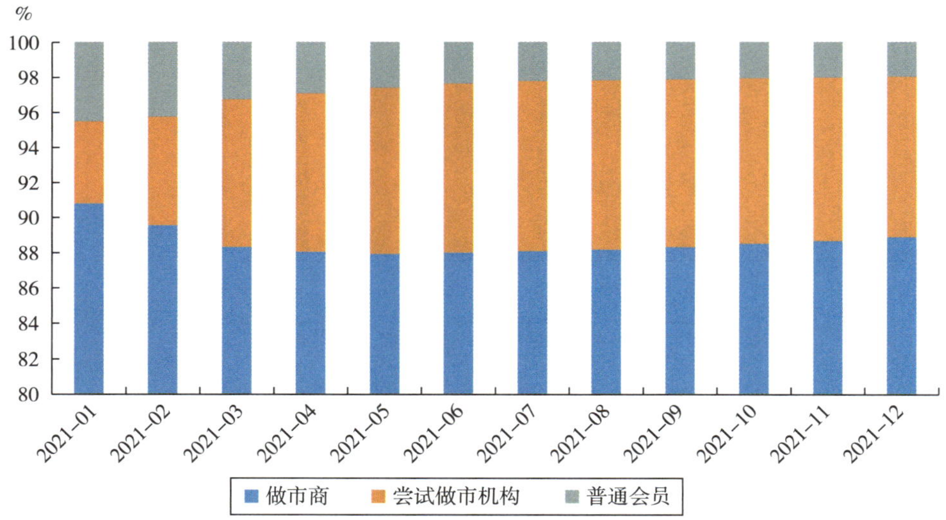

图3-6　2021年人民币外汇市场做市量占比

（资料来源：中国外汇交易中心）

三、市场建设情况

（一）完善平台功能，加强服务实体经济

完善银企外汇交易平台功能，支持企业电子化多银行询价、交易和全流程管理，便利企业外汇交易和风险管理；减免中小微企业与衍生品交易相关的银行间外汇市场交易手续费，降低中小微企业汇率避险成本，引导企业树立风险中性理念，支持银行提升实体经济服务能力。

（二）深化市场对外开放，便利境外机构汇兑安排

上线人民币对印度尼西亚卢比区域交易。在中国与印度尼西亚双边本币结算（LCS）框架合作机制下，2021年9月6日人民币对印度尼西亚卢比在银行间区域市场正式挂牌交易，交易品种包括即期、远期、掉期和货币掉期。通过双方央行共同认定的特许交叉货币做市商（ACCD）机构，为银行间市场区域交易和清算提供支持。人民币对印度尼西亚卢比是首个支持衍生品交易的区域货币，同时在中国与印度尼西亚双边本币结算

机制下引入更多印度尼西亚当地银行参与，进一步便利头寸出清。

推出债券通外汇风险管理信息服务。交易中心自2021年3月12日起推出债券通外汇风险管理信息服务，提供债券通项下的资金汇兑、外汇风险对冲以及债券投资情况相关信息，自2021年9月13日起授权债券通公司提供客户备案、信息报送和查询等债券通相关外汇服务，便利香港结算行为境外机构投资者提供资金汇兑和外汇风险管理服务，并推动债券通投资者选择多家结算行的业务落地。

（三）创新优化数据业务，丰富信息服务体系

推进外币拆借情绪指数优化。交易中心与上海国际货币经纪公司自2021年7月26日起优化银行间美元拆借资金面情绪指数，在原有早盘指数的基础上综合境内外市场供求情况及日间资金面变化情况，新增发布日间指数，进一步丰富境内美元基准参考体系，满足市场交易定价参考需求。

推出外汇参考数据接口（Reference Data Interface）服务，提供外汇市场机构基础信息、外汇产品基础信息以及节假日、起息日等基础数据的自动化下载，提升市场运行效率和自动化水平。

完善互联网信息服务。实现iDeal对iTrader相关功能的整合，在此基础上进一步优化行情信息体系，重新设计并推出外汇期权成交及报价行情，引入本币货币、债券、衍生品行情，完成本外币行情互通，推出订单数据查询业务。

（四）探索交易科技赋能，推进系统功能完善

推出回测及仿真交易平台服务。在走访调研机构并分析需求的基础上，交易中心自2021年1月18日起在外汇市场推出回测及仿真交易平台服务，回测平台提供历史数据分析、交易策略编辑与管理、回测算法灵活定制及策略评价分析等全流程服务，仿真交易平台提供模拟交易服务。参与机构可通过报价和交易接口接入仿真交易平台，开展做市报价、交易等场景的模拟交易。

推进iDeal外汇生态开放。推出iDeal事前审批接口，并嵌入机构交易管理系统的审批功能，推出iDeal交易日历等功能，推出智能盯盘和应急服务等交易辅助功能，落地iDeal交易机器人业务，在外币利率市场上实现自动接单、回价、发单。

（五）增加违约处置措施，加强市场风险防范与化解

推出外汇净额清算违约处置合作业务。与上海清算所合作将违约处置渠道从客盘

拓展至银行间外汇市场，增加风险对冲及头寸拍卖等违约处置手段，实现违约处置的全流程线上化和直通式处理，切实落实重大金融风险防范化解工作，保障金融市场平稳运行。

第四章

衍生品市场交易报告

- 市场运行概述
- 市场主要特征
- 市场建设情况

2021年，衍生品市场整体运行平稳。利率衍生品市场成交量稳步上升。交易中心持续不断推动衍生品市场发展，完善产品序列：践行绿色金融理念，创新推出国开绿债标债实物交割合约，鼓励机构开展挂钩CFETS碳中和债券指数的互换交易；支持基准利率体系建设，推出挂钩FDR的利率期权；探索服务实体新方式，推出CDS指数交易，并新增民企CDS指数和长三角CDS指数。

一、市场运行概述

2021年衍生品市场成交量稳步上升。利率及信用衍生品市场共计成交21.5万亿元，其中信用衍生品各品种合计成交95.3亿元。利率互换1年及1年以下期限品种交易活跃度提高，合约价格在年初冲高后便震荡下行。标准债券远期5年期合约品种占比进一步提高。外汇衍生品（含人民币外汇和外币对）市场成交22.5万亿美元，同比增长28%。衍生品市场交易规模占比为69%，同比提升2个百分点。

2021年衍生品市场参与主体进一步丰富。截至2021年末，共有630家机构通过交易中心系统进入利率互换市场，其中产品类参与者占比近五成。标准债券远期市场和利率期权市场分别有83家和124家入市机构，涵盖银行、证券公司和非法人产品类等主要机构类型。信用衍生品方面，截至2021年末，共有146家机构进入信用衍生品市场，主要参与者类型为证券公司、外资银行及基金公司的特定客户资产管理业务。人民币外汇远期、掉期、货币掉期和期权市场会员数分别达282家、275家、227家和167家。

（一）利率衍生品市场

2021年，利率互换市场共成交25.2万笔，同比下降7.9%；名义本金总额21.1万亿元，同比增长8.0%；2021年末，全市场利率互换存量合约余额合计25万亿元，较2020年末下降5%。债券远期市场（含标准债券远期）共成交4 405笔、2 614.9亿元。利率期权市场共成交390笔、756.2亿元。

1. 利率互换

利率互换参考利率以FR007和Shibor为主。2021年，以FR007和Shibor为标的的利率互换交易量占比达99.1%，其中，以FR007为标的的利率互换成交18.3万亿元，占交易总量的86.7%；以Shibor为标的的利率互换成交2.6万亿元，占交易总量的12.4%。

从期限结构看，1年及1年以下期限品种交易活跃度显著提高，1~5年期（含5年）等中长期品种的占比回落。2021年，1年及1年以下期限品种共成交15.3万亿元，占总量的

72.6%，较2020年的63.8%提升8.8个百分点；1~5年（含5年）期限品种共成交5.8万亿元，占比为27.4%。

从成交价格看，利率互换合约价格在年初冲高后呈现震荡下行的走势。2021年末，FR007_1Y和FR007_5Y的价格均较年初下降31个基点至2.20%和2.56%，年内波幅分别为54个和57个基点，1年与5年的FR007互换的价差主要在30~40个基点区间内震荡。Shibor3M_1Y和Shibor3M_5Y的价格均较年初下降44个基点至2.47%和2.97%，年内波幅分别为69个和74个基点，1年与5年的Shibor3M互换价差同样在50~60个基点区间内震荡。

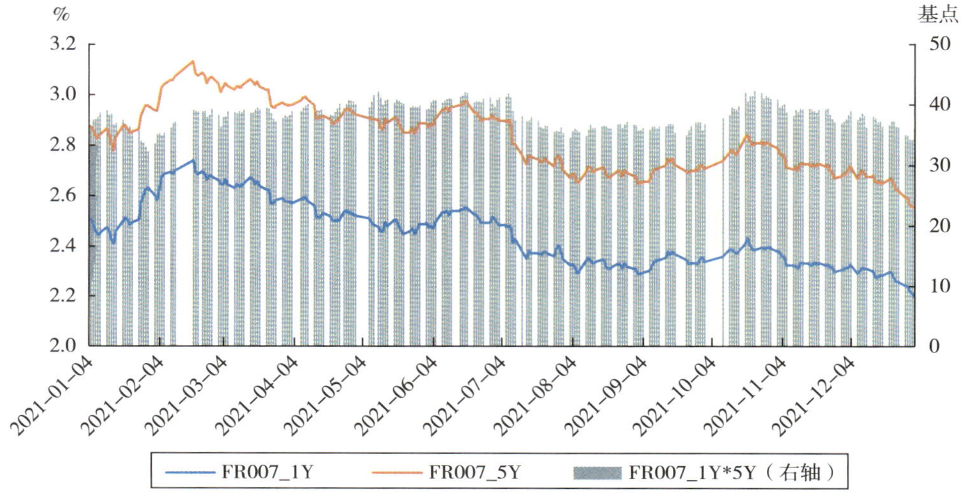

图4-1　2021年FR007互换合约价格走势

（资料来源：中国外汇交易中心）

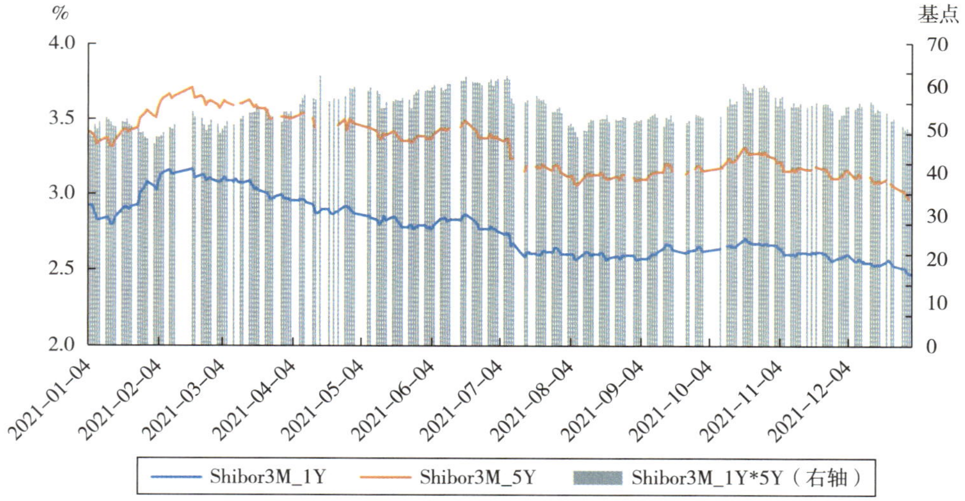

图4-2　2021年Shibor3M互换合约价格走势

（资料来源：中国外汇交易中心）

从参与者来看，利率互换市场的主要参与机构类型为股份制商业银行、证券公司和外资银行，三者占比达77%，其中，外资银行成交占比较2020年提高5.4个百分点。在其他类型投资者中，境外投资者交投活跃度显著提高，其成交量同比增长209%。

2. 标准债券远期

从期限结构来看，5年期合约为主力期限品种，且占比呈现上升趋势。2021年，3年期、5年期和10年期等主要期限合约品种分别成交611亿元、1 412亿元和558亿元，分别占市场总量的23%、54%和21%。2021年11月，交易中心与上海清算所共同推出实物交割机制，新增2年期和7年期合约品种，进一步丰富了标准债券远期合约覆盖期限，并创新推出了2年期标准国开绿债远期合约，促进绿债价格发现。

从参与者来看，股份制商业银行、证券公司和城市商业银行是最主要的参与机构，三类机构交易占比分别为46%、43%和8%，合计占比达97%。

3. 利率期权

2020年3月，交易中心推出银行间市场利率期权业务，包含利率互换期权和利率上下限期权，2021年3月29日新增挂钩FDR的利率期权品种。2021年，利率期权共计成交390笔、756.2亿元。其中，利率互换期权成交32笔、名义本金15.6亿元；利率上/下限期权成交358笔、名义本金740.6亿元。

从合约品种来看，利率上/下限期权主要集中于短期限的LPR品种，利率互换期权则以FDR品种为主。从品种期限看，利率上/下限期权的期权期限以1年以内为主，共成交723.1亿元，占上/下限期权总量的97.6%；利率互换期权以1个月期限为主，共成交12.5亿元。从挂钩标的看，互换期权中，挂钩FDR的互换期权交易量为15.2亿元，占比为97.4%；上/下限期权中，挂钩LPR的利率上/下限期权715.3亿元，占比为96.6%。

从参与者来看，大型金融机构交易活跃。截至2021年末，共计124家机构已申请利率期权业务，机构类型覆盖大型商业银行、股份制商业银行、城市商业银行、农村商业银行、外资银行、证券公司、私募基金等。其中，股份制商业银行和证券公司成交最为活跃，合计成交占比达90.6%。

（二）人民币外汇衍生品市场

2021年，人民币外汇衍生品市场平稳增长，全年累计成交21.3万亿美元，日均成交878亿美元，同比增长25%。其中掉期、期权、远期和货币掉期日均分别成交836亿美元、37亿美元、4亿美元和1亿美元，同比分别上升24%、58%、4%和51%。全年人民币外汇衍生品交易规模占人民币外汇市场成交总量的68%，同比提升1个百分点，与国际外汇市场产品结构接近。

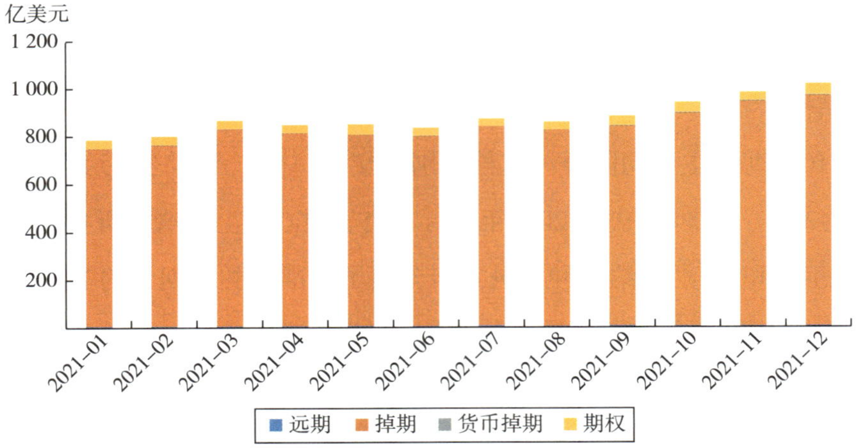

图4–3 2021年人民币外汇衍生品市场日均成交量

（资料来源：中国外汇交易中心）

（三）外币对衍生品市场

2021年，随着我国经济对外开放度提升，外币对衍生品市场快速增长，成为银行间外汇市场重要增长源之一，并有效满足境内主体外币风险管理需求。全年外币对衍生品市场累计成交1.3万亿美元，日均成交52亿美元，同比增长1.1倍，为连续第四年增幅超过90%。外币对衍生品以掉期交易为主，日均成交逾51亿美元。全年外币对衍生品交易规模占外币对市场成交总量的80%，同比提升7个百分点。

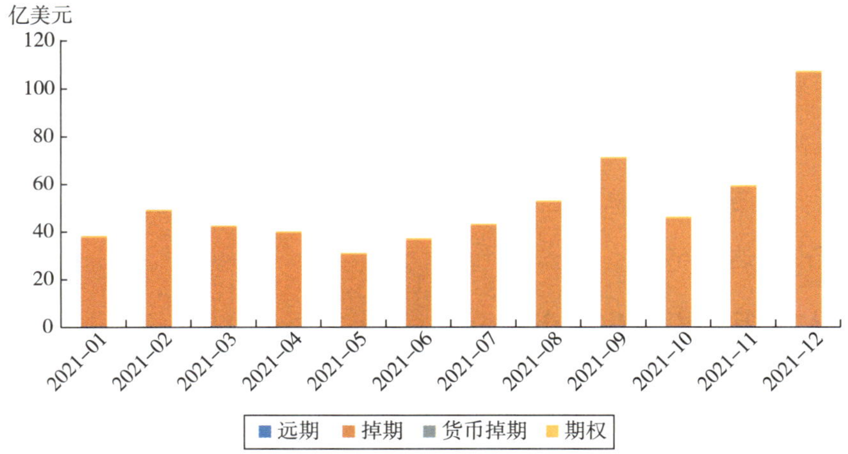

图4–4 2021年外币对衍生品市场日均成交量

（资料来源：中国外汇交易中心）

二、市场主要特征

（一）利率衍生品价格发现能力提升

利率衍生品市场主要品种FR007互换利率年初冲高，然后震荡至年中，下半年整体下行。价格走势与宏观经济和货币环境密切相关，与现券收益率的相关性较高，及时反映了市场参与者的利率预期。2021年第一季度，我国经济延续了2020年下半年的增长势头，债券市场收益率走高，互换利率于3月初攀升至年内高点。4—6月互换利率震荡走低。7月初，人民银行降准，互换利率下行；下半年，国际大宗商品价格持续上涨、变异毒株制约世界经济复苏进程，互换利率稳步下行，年末主要期限利率均收于全年最低点。

图4-5　2021年FR007利率互换与国债收益率走势

（资料来源：中国外汇交易中心）

（二）新产品市场基础逐步形成

2021年，利率期权、信用衍生品上线多个新产品，满足市场机构多样化的风险管理需求。其中，利率期权新增以FDR001、FDR007等基准利率为参考利率的产品，同步配套报价成交、行权交割和定价估值服务。信用违约互换市场新增CFETS-SHCH民企CDS指数和CFETS-SHCH-CBR长三角区域CDS指数，同时发布相应指数曲线。2021年4月，交易中心推出CDS指数交易业务，提供CDS指数报价交易、挂牌上市、存续期管理等服务。

新产品发展态势良好。2021年，利率期权共成交436笔、名义本金合计774.6亿元，其中参考FDR001和FDR007的交易共有67笔、名义本金129.0亿元，占比分别为15%和17%。

（三）LPR利率互换交易活跃度有所下降

2021年，1年期LPR仅在12月下调5个基点，5年期LPR全年保持稳定，市场对冲需求明显收缩。以1年期LPR和5年期LPR为参考利率的利率互换交易活跃度下降，全年成交名义本金1 324.7亿元，较2020年成交额下降50.3%。从价格看，上半年活跃合约LPR1Y_1Y利率走势平稳，7月小幅下行，8—11月震荡，12月初再次下行。随着LPR互换市场的发展，量价两个维度能较为全面地反映市场管理LPR利率风险的需求状况。

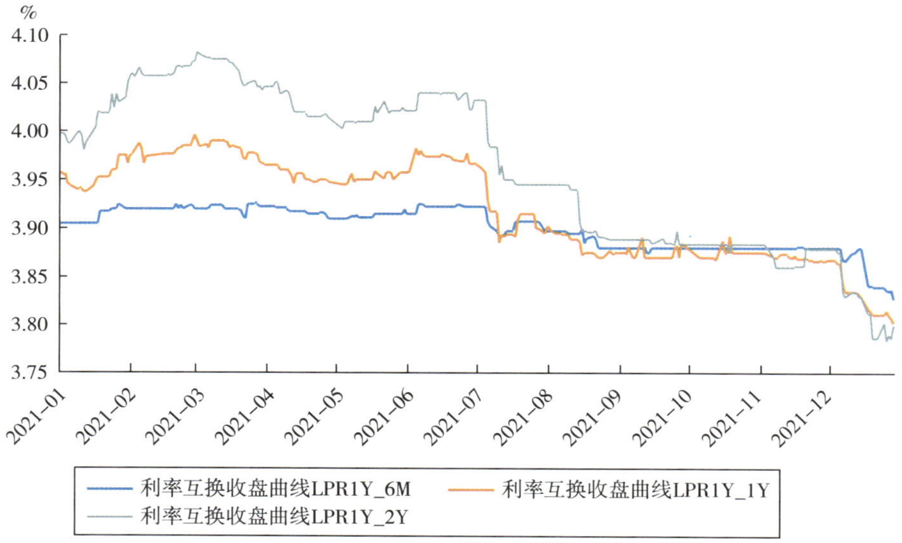

图4-6　2021年LPR1Y利率互换价格走势

（资料来源：中国外汇交易中心）

（四）交易结算机制创新完善

依托本币新平台推出利率互换请求报价（RFQ）功能，请求方可同时向多个回复方发送交易请求，并选择最优价格成交。请求报价相关分仓功能实现了多组合协同管理，为单笔名义本金较大、非标准要素的交易提供了更有效率的交易流程。2021年11月，交易中心联合上海清算所推出LPR1Y利率互换集中清算方式，同时支持存量的LPR1Y利率互换清算方式从双边清算变更为集中清算。

（五）中长期掉期点随中美利差波动

2021年，境内人民币对美元总体稳定，波动相对有限。1个月及以上中长期掉期点则随境内本外币流动性和中美利差的变化而波动，年内总体呈现先涨后跌的走势。2021年初，央行收紧人民币流动性，境内货币市场利率大幅走高，中美利差回升并推动各期限掉期点均有所走高，长期限掉期点波动更为明显。此后随着美国经济复苏及通胀率抬头，市场对美联储货币政策正常化预期逐渐升温，美债收益率上涨，人民币与美元利差回落，掉期点相应下跌。2021年第四季度以后，随着美联储缩减购债规模以及加息预期的持续强化，中长期掉期点加速下跌。2021年末，隔夜、1周、1个月、3个月、6个月和1年掉期点分别收于4.1个、28个、184个、429个、800个和1 494个基点，较上年末分别下跌0.7个、下跌2个、上涨54个、上涨44个、上涨60个和上涨63个基点。

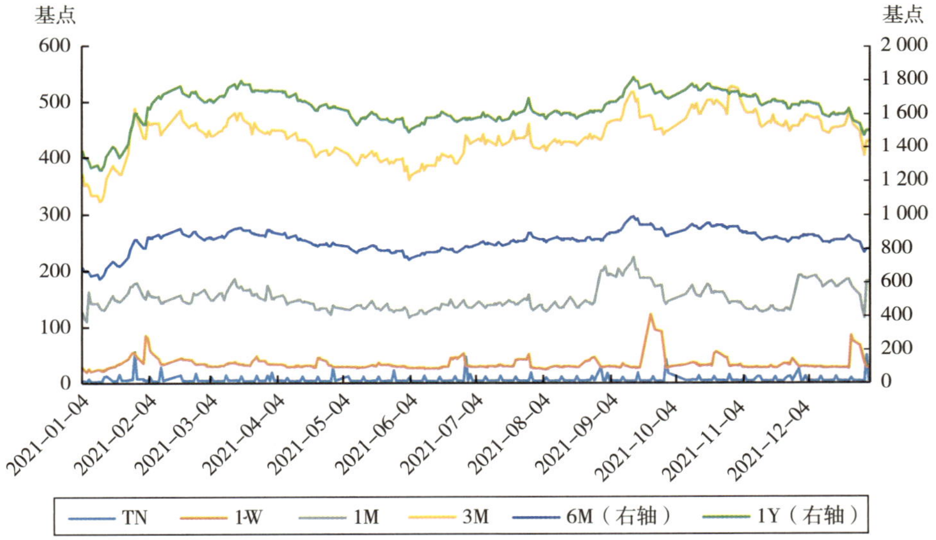

图4-7　2021年主要期限人民币对美元掉期点

（资料来源：中国外汇交易中心）

（六）市场汇率预期总体平稳

2021年，人民币对美元期权各期限波动率上半年均呈现窄幅波动趋势，下半年则普遍下行。全年汇率波动预期进一步走稳，市场预期一致性有所增强，市场高风险事件较上年大幅减少。从期权波动率微笑曲线来看，25Delta风险逆转期权（RR）隐含波动率年内峰值仍低于历史高位，汇率预期较为稳定。全年汇率预期变化可概括为：第一阶段，年初各期限微笑曲线偏度位于年内高位，看多美元情绪占上风。第二阶段，4—5月市场对人民币升值的预期持续升温，1W和1M期限RR偏度持续下行并一度降为负值。第三阶段，6—9月市场多空情绪相对稳定，但受临时事件带动的风险情绪冲击，人民币汇率升贬值预期仍存在波动。第四阶段，10月以来人民币汇率背离美元指数逆势走升，RR偏度逐步回落并于11月中旬再次出现负值，市场看多人民币情绪到达顶峰。随着美国通胀再创新高引发美联储货币政策转向预期升温，看多美元情绪再次回温，RR偏度有所回升。

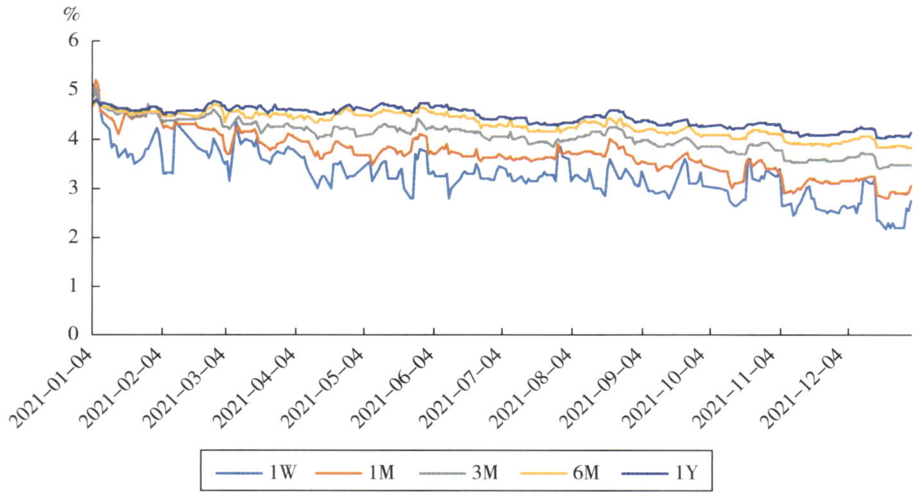

图4-8　2021年主要期限人民币对美元平价期权隐含波动率

（资料来源：中国外汇交易中心）

三、市场建设情况

（一）探索碳中和债券指数互换

“碳中和债券指数互换”是指交易一方支付固定利率，对手方支付碳中和债券指数在合约存续期内的总价值变化。2021年7月26日，国泰君安证券与中金公司在本币交易平台利率互换模块下完成了银行间首笔挂钩CFETS碳中和债券指数的互换交易。“碳中和债券指数互换”可成为市场成员管理碳中和债券风险的新工具，助力机构参与碳中和金融工具交易，优化碳中和债券二级市场定价，发挥金融资源配置作用。

（二）丰富利率期权交易品种

为拓展基准利率运用，健全基准利率和市场化利率体系，进一步提高利率传导效率，为市场机构提供多元化利率风险管理工具，交易中心于2021年3月新增以FDR001、FDR007等基准利率为参考利率的利率期权产品（包括利率互换期权和利率上下限期权），进一步丰富利率衍生品序列。同时提供报价成交、行权交割、定价估值、风险管理等配套交易服务，并组织活跃机构对利率期权进行报价，为市场提供流动性和定价基准，交易中心据此编制相应波动率曲面用于估值参考。截至2021年12月末，共35家金融机构达成利率期权交易，共计名义本金756.2亿元。

（三）推出标准债券远期实物交割机制

为增强现货和远期市场联动，提升标准债券远期市场的套期保值效率和有效性，交易中心和上海清算所于2021年11月推出标准债券远期实物交割机制。交易中心为实物交割机制提供申报功能，并提供丰富的信息查询功能，包括申报信息、匹配信息、交割信息和全流程交割申报单等。首批实物交割合约品种为2年期国开绿债标准债券远期实物交割合约、2年期农发债标准债券远期实物交割合约和7年期农发债标准债券远期实物交割合约。

（四）发布多主题、多类型CDS 指数并提供CDS交易服务

为进一步发挥CDS指数在信用风险管理方面的积极作用，推动信用衍生品市场高质量发展，交易中心进一步探索多主题、多类型CDS指数。继高等级CDS指数之后，交易中心于2021年4月与上海清算所共同推出“CFETS-SHCH民企CDS指数”，于2021年9月与上海清算所、中债资信共同推出“CFETS-SHCH-CBR长三角区域CDS指数”，并同步发布相应的CDS指数曲线。多主题、多类型指数及指数曲线将为市场提供多维度信用风险水平度量指标，并为不同类型信用标的提供更精准的风险对冲工具。

与此同时，交易中心于2021年4月推出CDS指数交易业务，提供CDS指数报价交易、挂牌上市、存续期管理等全周期服务。CDS指数交易是单名CDS交易的重要补充，为市场提供了更丰富的信用风险管理工具。CDS指数标准化、分散化等特征将有利于提升市场流动性，进一步推动信用衍生品市场健康发展。

（五）新增LPR1Y利率互换集中清算方式

为进一步提高LPR利率互换交易效率，降低对手方信用风险，满足市场成员风险管理需求，交易中心和上海清算所于2021年11月联合推出LPR1Y利率互换的集中清算方式，同时支持存量的LPR1Y利率互换清算方式从双边清算变更为集中清算。截至2021年

12月末，集中清算的LPR1Y利率互换成交125.8亿元。

（六）创新推出国泰君安FICC金融云服务

2021年1月22日，交易中心和国泰君安证券共同推出“中国外汇交易中心—国泰君安FICC金融云”业务，为私募基金、企业客户等参与者提供更为便捷的衍生品交易服务。国泰君安证券在交易中心成熟技术框架下自主研发“FICC金融云”，将客户询价、做市报价、交易执行、成交单生成等步骤线上化、系统化、自动化，直通式交易后管理，给予客户便捷高效的全流程线上交易体验。

（七）推出平安银行旗舰店

2021年以来，交易中心进一步拓展旗舰店业务模式。2021年3月，平安银行旗舰店正式登陆本币交易平台，成为首家开通旗舰店的商业银行。平安银行旗舰店为客户提供“跨品种利差报价”服务，市场参与者可通过该品种同时达成相反方向的债券及利率互换交易。“跨品种利差报价”可满足市场参与者对跨品种交易和对冲的需求，进一步丰富金融机构交易策略；同时，“跨品种利差”交易有利于加强银行间市场现货及衍生品的联动机制，提升现货及衍生品市场的价格发现效率。

（八）持续完善新本币交易平台衍生品市场相关功能

2021年，新平台上线衍生品市场利率期权、远期利率协议、信用违约互换、信用风险缓释凭证的交易功能，支持自定义展示功能，提升交易便利度。同时，利率期权、信用违约互换市场中内嵌价格计算功能，实现定价前置。

（九）助力外币基准利率转换和衔接

在货币掉期交易中引入回购定盘利率FDR007和FDR001，丰富外汇衍生品浮动利率基准指标，同时进一步扩大DR应用范围，提高其市场认可度和影响力；落地外币浮动利率拆借交易，支持交易双方以基准浮动利率为价格标的进行外币融资，对冲对客贷款等业务的利率风险，提高流动性管理水平；推出挂钩LIBOR的货币掉期等外汇衍生品存续交易转换服务，以及息差调整、交易冲销和估值等配套支持，支持会员线上化完成存续交易管理，助力银行间汇率衍生品的平稳衔接。

第五章
定价基准系列专题报告

- 人民币汇率中间价
- 上海银行间同业拆放利率
- 贷款市场报价利率
- 回购定盘利率
- 境内外币利率基准
- 人民币债券收益率曲线
- 人民币利率互换曲线
- 人民币外汇掉期曲线
- 人民币外汇期权波动率曲线
- 人民币汇率指数
- 债券指数

2021年，银行间各项基准指标走势总体平稳。1年期LPR年内下调一次；回购定盘利率和银银间回购定盘利率总体波动运行，利率水平有所抬升；短端Shibor与实际成交利率紧密联动。人民币对美元汇率中间价整体呈现震荡升值趋势；CFETS人民币汇率指数年末收于102.47，较2020年末上涨8.05%。全年，银行间市场基准指标被广泛应用于产品定价、盯市估值、交易分析、业绩比较和风险管理等多个领域。

一、人民币汇率中间价

（一）人民币对美元中间价运行情况

2021年，人民币对美元汇率中间价整体呈现震荡升值趋势。全年人民币对美元汇率中间价均值为6.4515，与上年均值6.8976相比升值4 461个基点。年内高点为3月31日的6.5713，低点为12月9日的6.3498，全年波幅为2 215个基点，年化波动率为3.2%。在243个交易日中，129个交易日升值，114个交易日贬值，其中1月5日升值幅度最大，单日升值648个基点（1.0%）；3月9日贬值幅度最大，单日贬值543个基点（0.8%）。2021年末，人民币对美元汇率中间价报6.3757，较上年末升值1 492个基点（2.3%）。

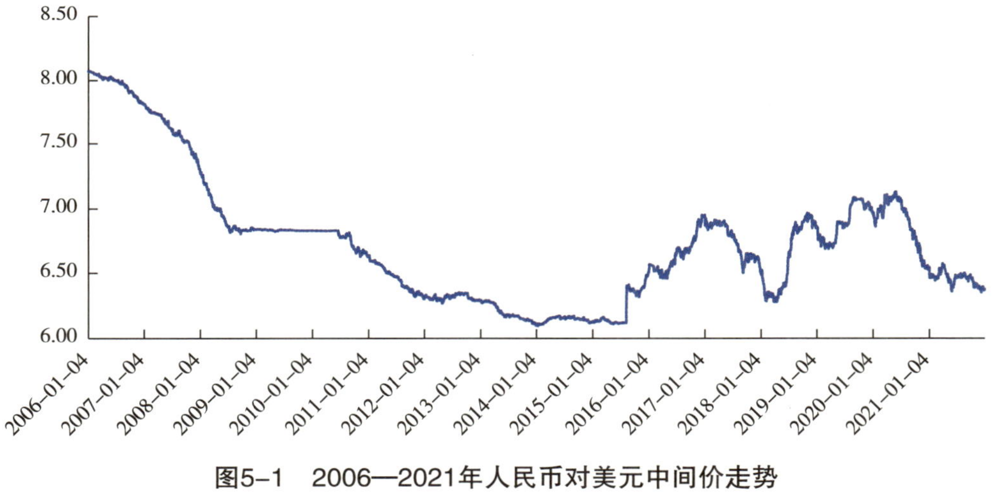

图5-1　2006—2021年人民币对美元中间价走势

（资料来源：中国外汇交易中心）

（二）人民币对其他挂牌货币中间价运行情况

2021年，港元对美元小幅升值，通过套算相应得出的人民币对港元汇率中间价升值2.9%，略高于人民币对美元汇率中间价升值幅度（2.3%）。

人民币对其余26个挂牌货币汇率中间价均为升值，其中对土耳其里拉升值幅度最大，为83.3%。

表5-1　人民币对28种挂牌货币中间价及年内变动

货币对	2020年末	2021年末	涨/跌幅	人民币变动方向
USD.CNY	6.5249	6.3757	2.34%	升值
EUR.CNY	8.025	7.2197	11.15%	升值
GBP.CNY	8.8903	8.6064	3.30%	升值
HKD.CNY	0.84164	0.8176	2.94%	升值
JPY.CNY	0.063236	0.055415	14.11%	升值
NZD.CNY	4.705	4.3553	8.03%	升值
SGD.CNY	4.9314	4.7179	4.53%	升值
AUD.CNY	5.0163	4.622	8.53%	升值
CAD.CNY	5.1161	5.0046	2.23%	升值
CHF.CNY	7.4006	6.9776	6.06%	升值
CNY.AED	0.56302	0.57602	2.31%	升值
CNY.DKK	0.9271	1.0298	11.08%	升值
CNY.HUF	45.4293	51.091	12.46%	升值
CNY.KHR	617.59	638.97	3.46%	升值
CNY.KRW	166.75	186.56	11.88%	升值
CNY.KZT	64.6316	68.4893	5.97%	升值
CNY.MNT	437.47	446.87	2.15%	升值
CNY.MXN	3.0486	3.209	5.26%	升值
CNY.MYR	0.61833	0.65503	5.94%	升值
CNY.NOK	1.3077	1.3823	5.70%	升值
CNY.PLN	0.57079	0.63624	11.47%	升值
CNY.RUB	11.4011	11.7004	2.63%	升值
CNY.SAR	0.57505	0.58884	2.40%	升值
CNY.SEK	1.2559	1.4184	12.94%	升值
CNY.THB	4.5896	5.2308	13.97%	升值
CNY.TRY	1.13161	2.07365	83.25%	升值
CNY.VND	3 540.32	3 571.4	0.88%	升值
CNY.ZAR	2.2433	2.4978	11.34%	升值

资料来源：中国外汇交易中心。

二、上海银行间同业拆放利率

2021年，全国银行间同业拆借中心扎实履行Shibor指定发布人的重要职责，不断强化Shibor运行监测，确保Shibor有效反映市场利率走势。从短端看，Shibor较好地反映了货币市场松紧信号，与实际成交利率紧密联动。隔夜Shibor与隔夜回购利率的相关性超过

99%，7天Shibor与7天回购利率的相关性超过95%，Shibor可有效地反映市场短期流动性松紧状况。

从中长端看，随着同业存单市场的稳步发展，Shibor基准性得到了有效支撑，总体趋势上能够有效地反映中长期货币市场流动性。3个月Shibor与主要股份制商业银行3个月同业存单发行利率的相关性超过95%。

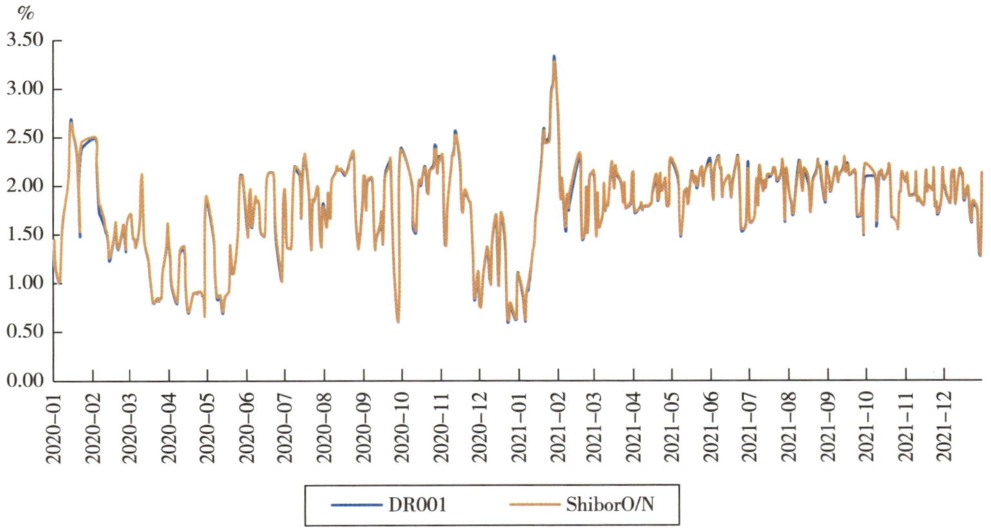

图5-2　2020—2021年Shibor隔夜利率与DR001走势

（资料来源：中国外汇交易中心）

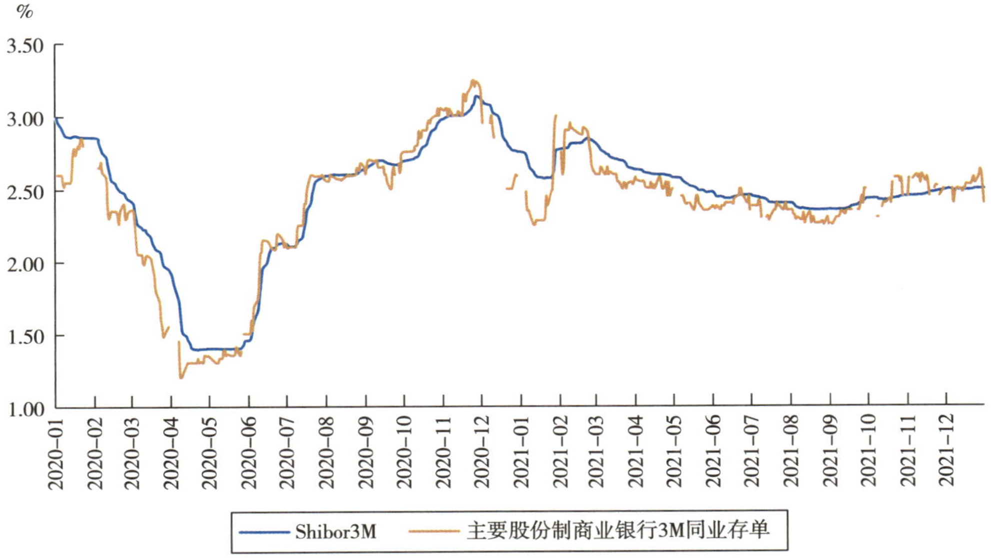

图5-3　2020—2021年3个月Shibor利率与3个月主要股份制商业银行同业存单利率走势

（资料来源：中国外汇交易中心）

三、贷款市场报价利率

2021年，全国银行间同业拆借中心继续认真履行LPR指定发布人职责，确保每个月的LPR报价成功发布。

2021年12月，1年期和5年期以上LPR分别为3.8%和4.65%，较上年末分别下降5个基点和持平，较2019年8月20日LPR改革后首次发布报价分别下降45个和20个基点。

经过两年来的持续推进，LPR改革取得重要成效，有效优化了市场化利率体系，显著增强了货币政策传导效率，促进金融更好地服务实体经济。2021年全年企业贷款利率为4.61%，是改革开放四十多年来的最低水平。

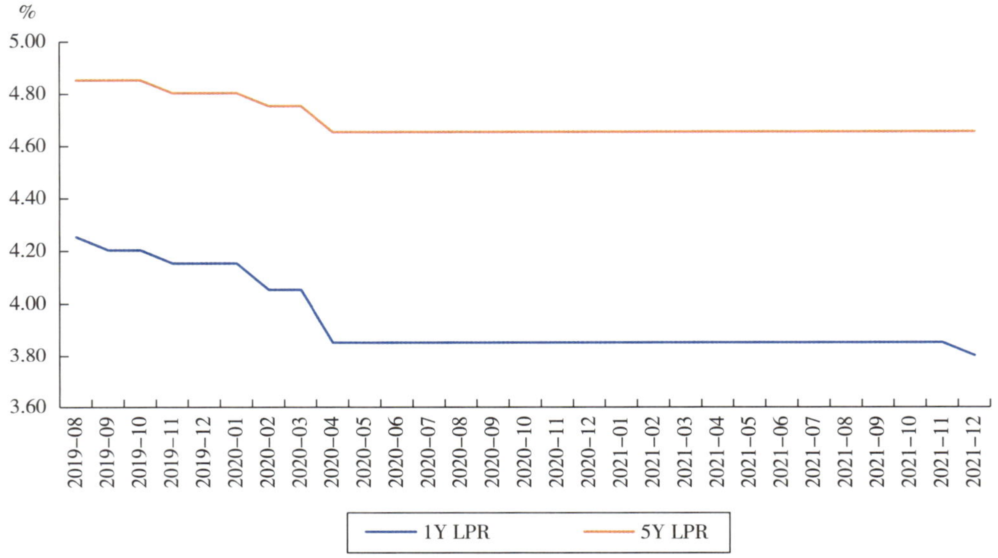

图5-4　2019—2021年LPR报价利率走势

（资料来源：中国外汇交易中心）

四、回购定盘利率

回购定盘利率（Fixing Repo Rate）是交易中心发布的基准利率指标之一，是市场基准指标体系的重要组成部分。交易中心自2006年3月8日起正式对外发布银行间回购定盘利率，目前发布FR001、FR007和FR014等期限品种。为进一步完善市场基准利率体系、提高货币政策传导效率，交易中心于2017年5月31日正式推出银银间回购定盘利率，包括FDR001、FDR007和FDR014等期限品种。

（一）2021年运行情况

2021年，回购定盘利率和银银间回购定盘利率总体波动运行，利率水平有所抬升。对回购定盘利率来说，FR001、FR007、FR014最高分别是4.15%、3.19%、4.00%，最低分别是0.64%、1.82%、1.80%；FR001、FR007、FR014年平均值分别是1.99%、2.25%、2.40%，较2020年平均值分别上升37个、9个、16个基点。银银间回购定盘利率方面，FDR001、FDR007、FDR014最高分别是3.05%、3.19%、3.90%，最低分别是0.61%、1.70%、1.70%；FDR001、FDR007、FDR014年平均值分别是1.96%、2.17%、2.31%，较2020年平均值分别上升37个、15个、24个基点。

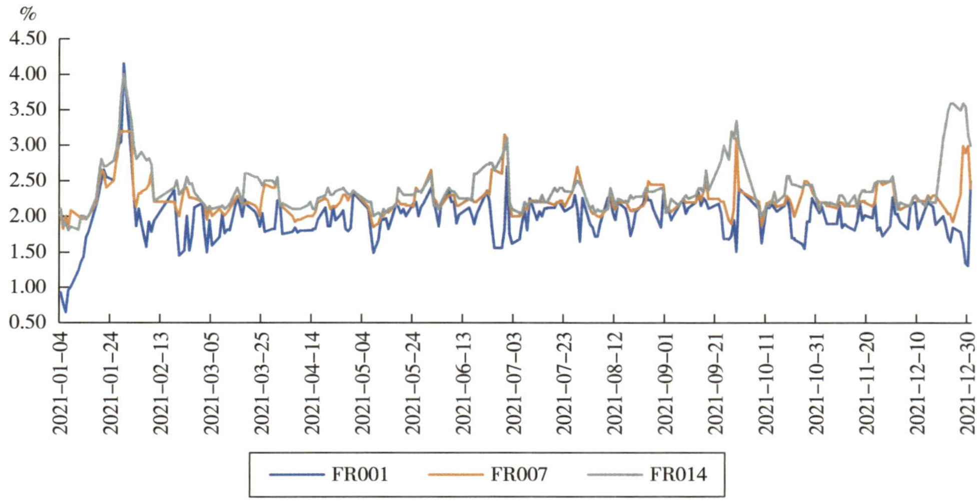

图5-5　2021年回购定盘利率走势

（资料来源：中国外汇交易中心）

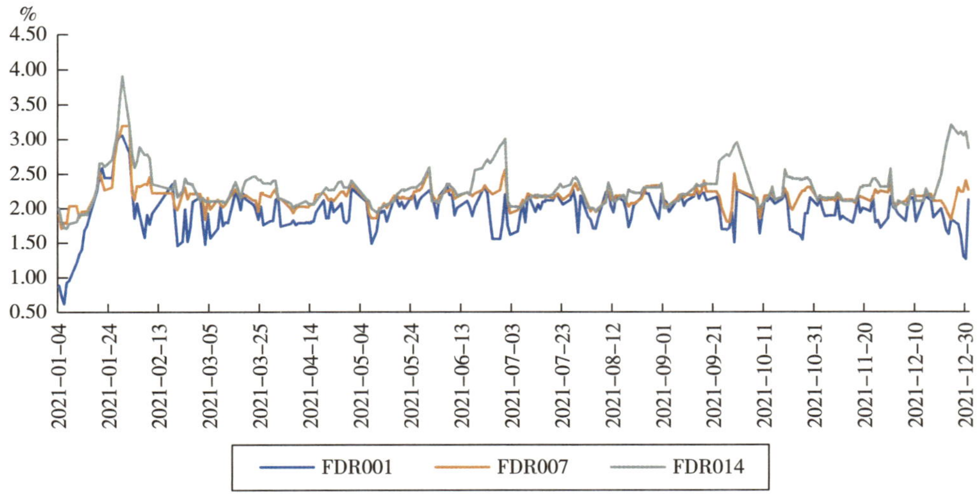

图5-6　2021年银银间回购定盘利率走势

（资料来源：中国外汇交易中心）

（二）市场应用情况

经过多年实践，回购定盘利率已被广泛应用于利率互换、利率互换期权、货币掉期等衍生品交易。2021年，约89%的利率互换交易以FR007作为参考利率。

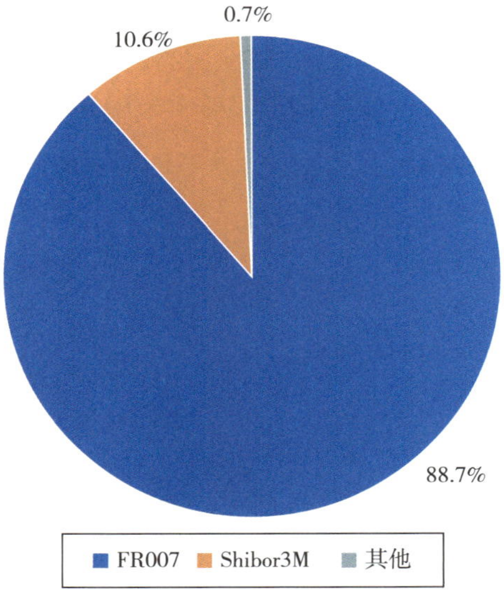

图5-7　2021年利率互换标的利率分布

（资料来源：中国外汇交易中心）

五、境内外币利率基准

境内外币利率基准包括境内美元同业拆放参考利率、境内银行间美元拆借加权成交利率和境内银银间美元拆借加权成交利率三种。通过美元拆借交易构建的1年以下利率曲线已较为连续、有效，未来随着外币回购和外币利率衍生品的发展成熟，利率曲线将向中长端继续延伸。

（一）境内外币同业拆放参考利率（CIROR）运行情况

2021年，各期限美元CIROR整体保持稳定，期限利差小幅缩小。2021年末，隔夜、1周、2周、1个月、3个月、6个月、9个月和1年CIROR分别报0.03%、0.05%、0.08%、0.13%、0.25%、0.36%、0.41%和0.50%，其中隔夜与1周期限利率较上年末分别上升2个基点和持平，2周、1个月、3个月、6个月、9个月和1年期限利率较上年末分别回落4个、5个、10个、29个、34个和35个基点。1年与3个月利差报收25个基点，较上年末收窄25个基点。

2021年，全球新冠肺炎疫情持续冲击及国际政经形势深刻复杂变化，境内外币利率市场平稳发展，市场抗冲击能力提升。以年初美国拜登政府财政刺激计划及美联储鲍威尔宽松立场事件为例，美国担保隔夜融资利率（SOFR）闻讯一路震荡下跌超百个基点至0.01%的年内最低点，CIROR隔夜利率则稳定保持在0.01%水平，相比之下波幅远小于境外，有效抵御来自境外的风险冲击。CIROR隔夜利率全年约75%交易日低于SOFR，且与SOFR利差自2021年3月以来基本维持在0~2个基点以内的较低水平。CIROR中长期限利率于4月末和9月末分别小幅下行20个和10个基点，其余时间保持稳定，年末与短期限利率利差较年初收窄。

（二）境内美元拆借加权成交利率运行情况

境内美元拆借加权成交利率分为两类，一类是银行间美元拆借加权成交利率（以下简称银行间成交利率），另一类是银银间美元拆借加权成交利率（以下简称银银间成交利率）。两者区别在于，银行间成交利率的计算基础为全市场美元拆借成交数据，银银间成交利率在全市场数据中剔除了境外机构和非银机构成交数据。

2021年，银行间成交利率曲线整体走势平稳，短期限品种利率与CIROR走势基本同步，其中隔夜利率全年在0.01%~0.05%区间维持窄幅波动。2021年末，隔夜、1周、2周、1个月、3个月和6个月银行间成交利率分别报0.03%、0.08%、0.05%、0.15%、0.41%和0.58%，其中隔夜、1周、3个月期限利率较上年末分别上升2个、3个、6个基点，2周、1个月和6个月期限利率较上年末分别回落6个、15个和10个基点。6个月与1个月利差报收43个基点，较上年末走阔5个基点。

银银间成交利率短期限品种与银行间成交利率基本一致，其中隔夜品种与银行间成交利率基本持平，全年利差保持在1个基点以内，1周期限品种利差全年维持在7个基点以内，中长期限品种受成交活跃度和机构信用风险因素影响，利差水平稍高，但也处于合理水平。2021年末，隔夜、1周、2周、1个月、3个月和6个月银银间成交利率分别报0.03%、0.06%、0.05%、0.15%、0.23%和0.57%，其中隔夜利率较上年末上升2个基点，1周、2周、1个月、3个月和6个月期限利率较上年末分别回落3个、10个、15个、12个和11个基点。6个月和1个月利差报收42个基点，较上年末走阔4个基点。

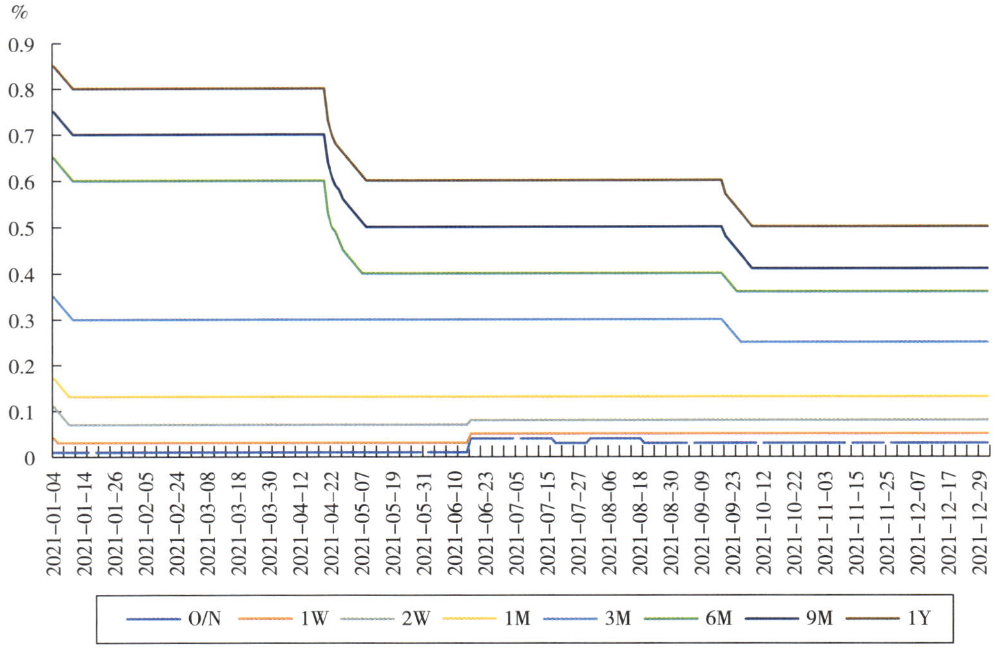

图5-8　2021年境内美元同业拆放参考利率走势

（资料来源：中国外汇交易中心）

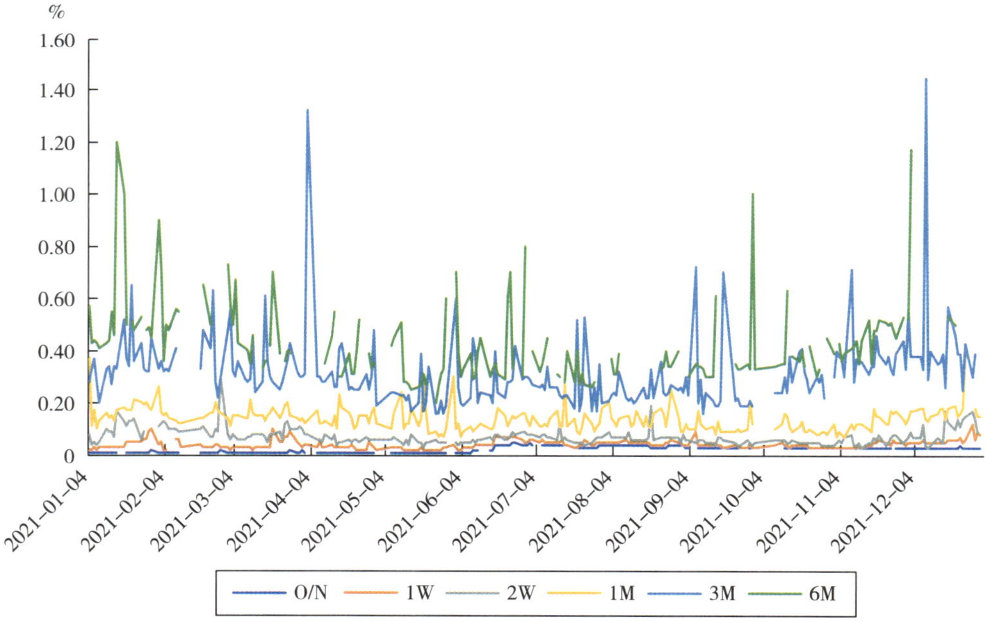

图5-9　2021年境内银行间美元拆借加权成交利率

（资料来源：中国外汇交易中心）

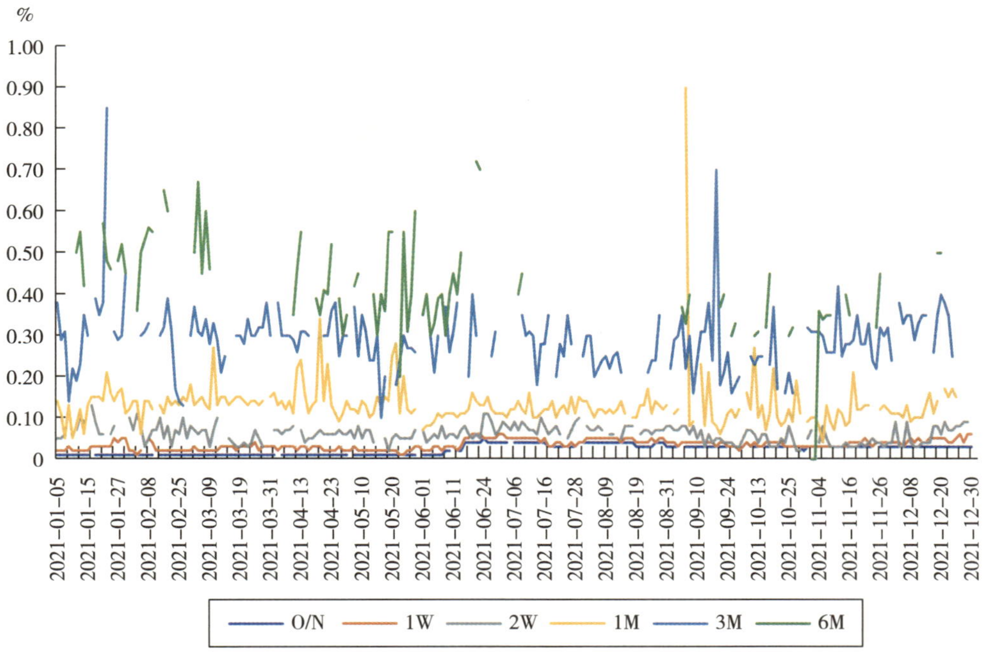

图5-10　2021年境内银银间美元拆借加权成交利率

（资料来源：中国外汇交易中心）

六、人民币债券收益率曲线

（一）2021年新推服务

2021年，交易中心继续完善债券收益率曲线和债券估值产品序列，新增发布证券公司短期融资券（AAA、AA+、AA）曲线、外币同业存单估值。截至2021年末，已发布85条债券收益率曲线，日均发布约4.2万只债券估值。

（二）2021年运行情况

1. 债券收益率曲线

（1）国债收益率曲线震荡下降

2021年，国债收益率整体震荡下降。2021年末，1年期国债收益率为2.26%，较2020年末下降20个基点；10年期国债收益率为2.77%，较2020年末下降37个基点。

图5-11　2021年部分关键期限国债收益率走势

（资料来源：中国外汇交易中心）

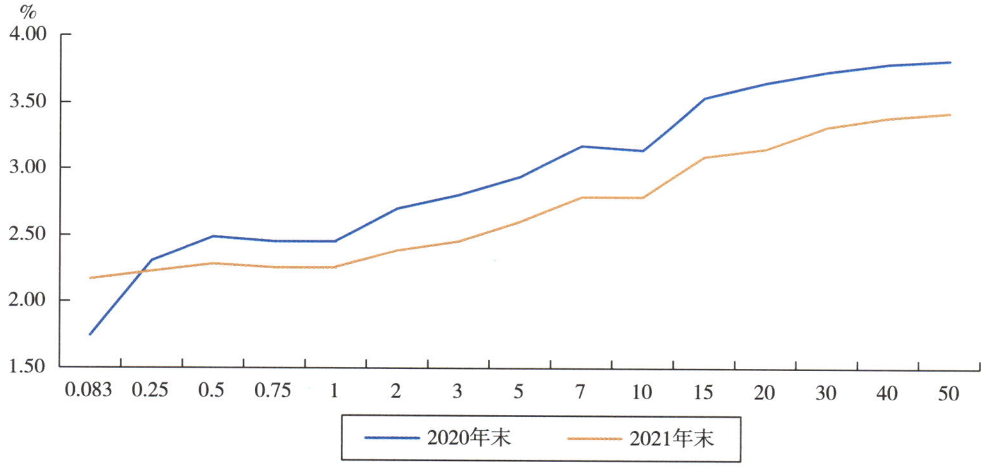

图5-12　2021年国债到期收益率曲线走势

（资料来源：中国外汇交易中心）

（2）政策性金融债（国开行）收益率曲线整体下降

2021年末，1年期政策性金融债（国开行）收益率为2.36%，较2020年末下降约23个基点；10年期政策性金融债（国开行）收益率为3.08%，较2020年末下降约45个基点。

（3）中期票据（AAA）收益率曲线整体下降

2021年末，1年期中期票据（AAA）收益率为2.76%，较2020年末下降约42个基点；

10年期中期票据（AAA）收益率为3.66%，较2020年末下降约43个基点。

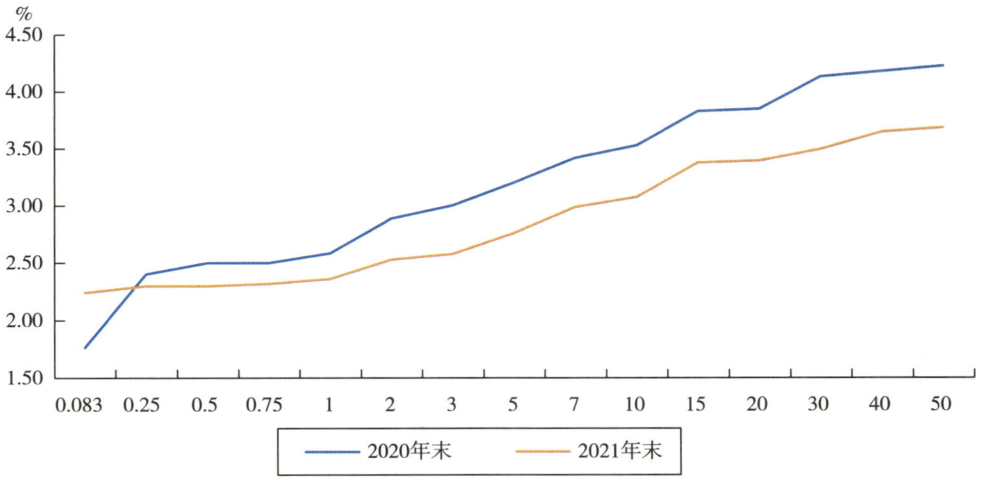

图5-13 2021年政策性金融债（国开行）到期收益率曲线走势

（资料来源：中国外汇交易中心）

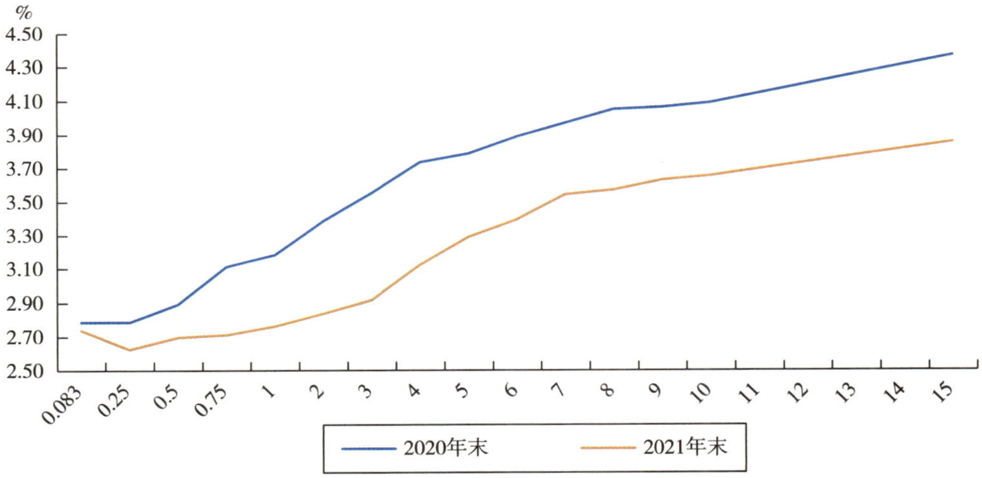

图5-14 2021年中期票据（AAA）到期收益率曲线走势

（资料来源：中国外汇交易中心）

2. 债券估值

CFETS债券估值与市场成交行情高度吻合。2021年，对CFETS估值净价与市场成交净价的偏离度进行统计的结果显示，98.22%的债券估值与成交价偏离在0.5元以内。从债券类型来看，99.51%的利率债、99.96%的同业存单、96.86%的信用债与成交价偏离在0.5元以内。

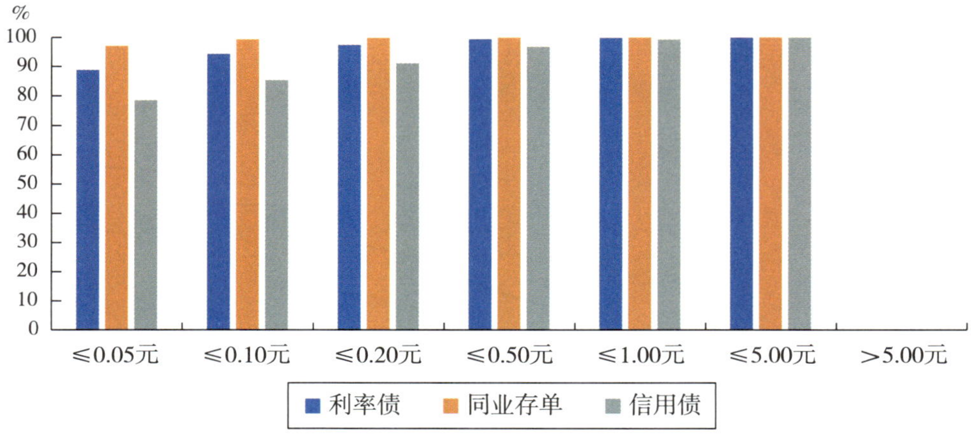

图5-15　2021年CFETS债券估值与市场成交净价价差分布百分比图

（资料来源：中国外汇交易中心）

七、人民币利率互换曲线

人民币利率互换市场已发展成为交易最活跃的场外利率衍生品市场之一。截至2021年末，交易中心共发布了Shibor3M、FR007等17个参考标的的利率互换曲线。

（一）2021年运行情况

2021年第一季度，FR007利率互换收盘曲线整体较2020年第四季度上行4~11个基点不等，中长期限上涨幅度大于一年期以内期限。第二季度，FR007利率互换收盘曲线整体小幅下行1~5个基点不等。第三季度，各期限较第二季度均显著下跌，各期限下跌10~20个基点不等，中长期限下跌幅度大于一年期以内期限。第四季度，各期限利率持续下跌，较第三季度下跌10~15个基点不等，中长期限下跌幅度大于一年期以内期限。

2021年第一季度，Shibor3M利率互换收盘曲线整体较2020年第四季度除6 M期限下跌3个基点以外，其余期限整体上行1~15个基点不等，中长期限上行幅度大于一年期以内期限。第二季度Shibor3M利率互换收盘曲线整体下行12~21个基点不等，一年期以内期限下跌幅度大于中长期限。第三季度各期限较第二季度均有所下跌，下行3~23个基点不等，中长期限下跌幅度大于一年期以内期限。第四季度曲线整体持续下行，各期限下跌7~17个基点不等，中长期限下跌幅度大于一年期以内期限。

2021年第一季度，LPR1Y（季付）利率互换收盘曲线整体较2020年第四季度下跌1~6个基点不等，中长期限下跌幅度大于一年期以内期限。第二季度，曲线各期限在较窄范围内波动。第三季度各期限较第二季度均有所下跌，下行4~20个基点不等。第四季度曲线整体继续下行，除5Y期限上行2个基点以外，各期限下跌5~10个基点不等。全年，LPR1Y（季付）利率互换收盘曲线整体在3.80%至4.15%较窄范围内波动。

2021年第一季度，LPR5Y（季付）利率互换收盘曲线整体较2020年第四季度上行1~15个基点不等。第二季度，LPR5Y（季付）利率互换收盘曲线小幅下行，下行1~5个基点不等。第三季度各期限较第二季度均显著下跌，下跌1~12个基点不等，中长期限下跌幅度大于一年期以内期限。第四季度，各期限持续下跌，下跌1~6个基点不等。

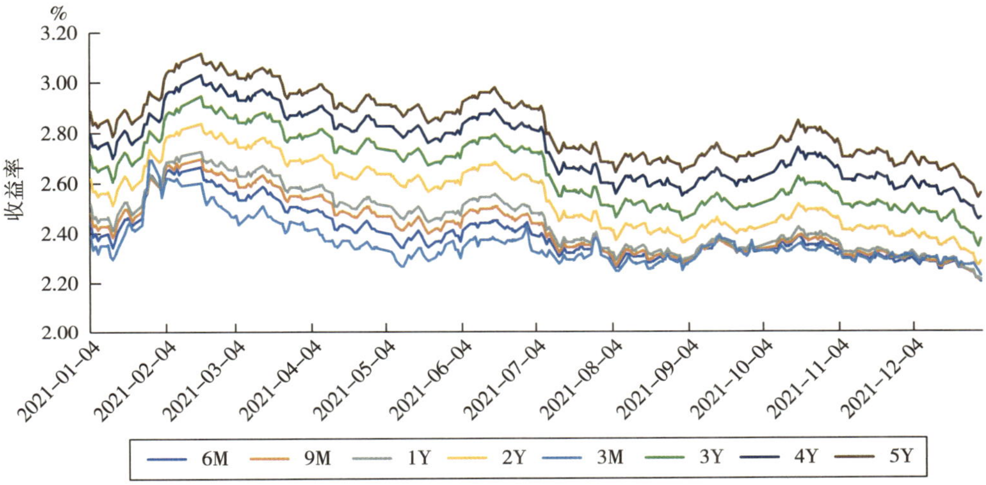

图5-16　2021年FR007收盘曲线走势

（资料来源：中国外汇交易中心）

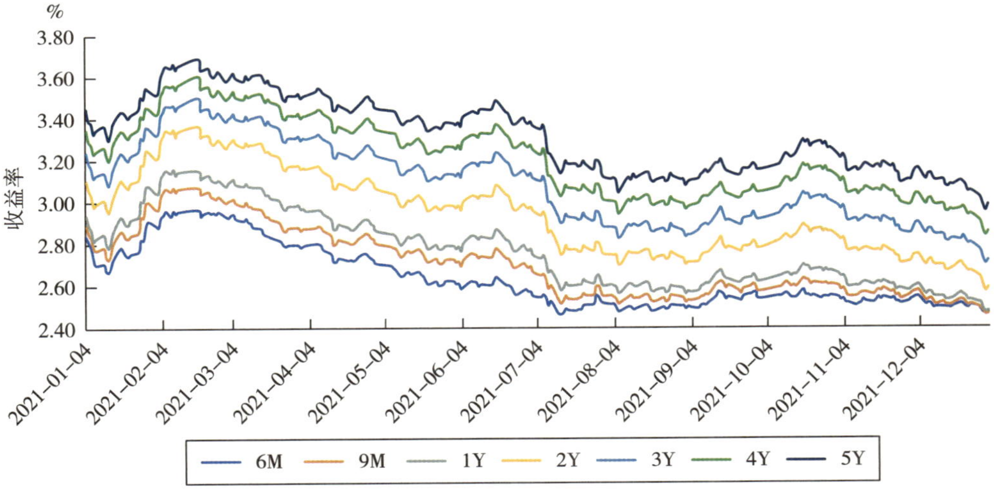

图5-17　2021年Shibor3M收盘曲线走势

（资料来源：中国外汇交易中心）

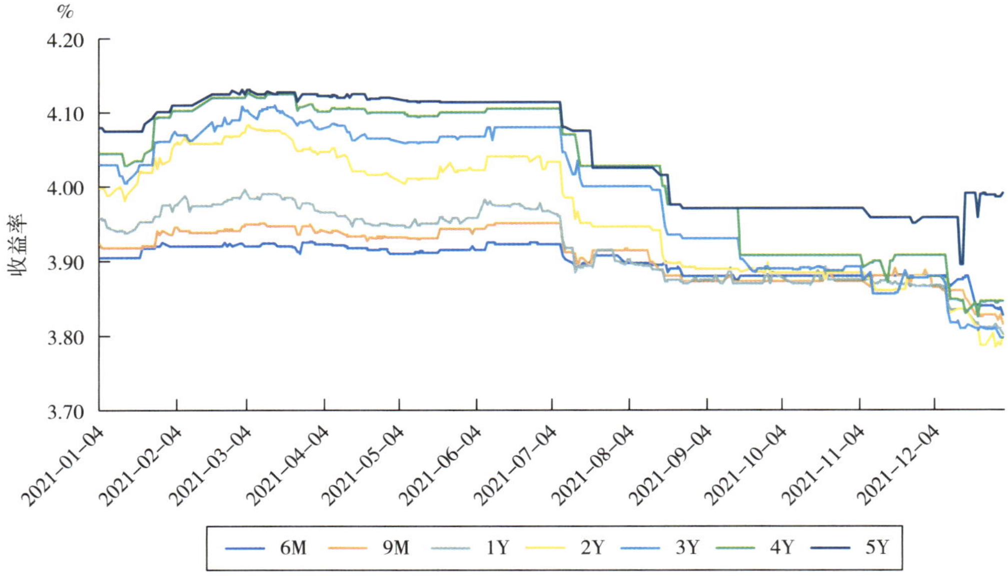

图5-18　2021年LPR1Y（季付）收盘曲线走势

（资料来源：中国外汇交易中心）

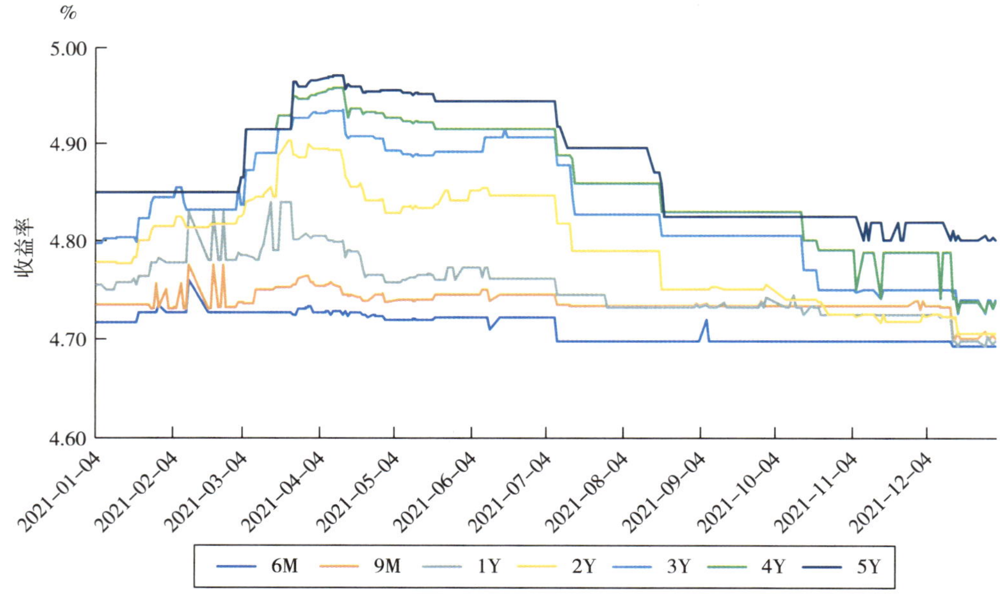

图5-19　2021年LPR5Y（季付）收盘曲线走势

（资料来源：中国外汇交易中心）

从市场成交来看，2021年FR007利率互换定收盘曲线与成交价格的平均偏差为0.62个基点、Shibor3M互换定收盘曲线与成交价格的平均偏差为0.64个基点，整体偏差较小。

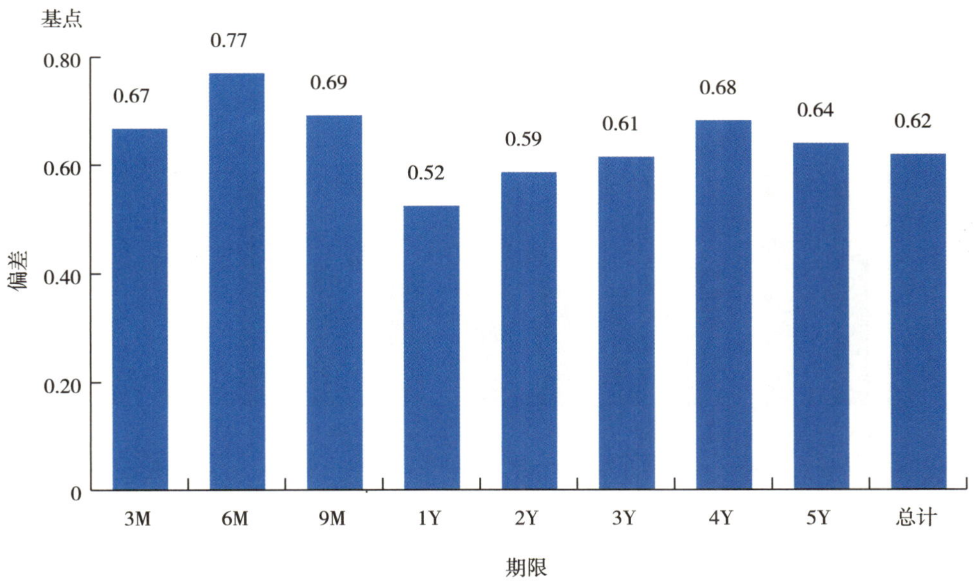

图5-20　2021年FR007利率互换定收盘曲线与成交比较

（资料来源：中国外汇交易中心）

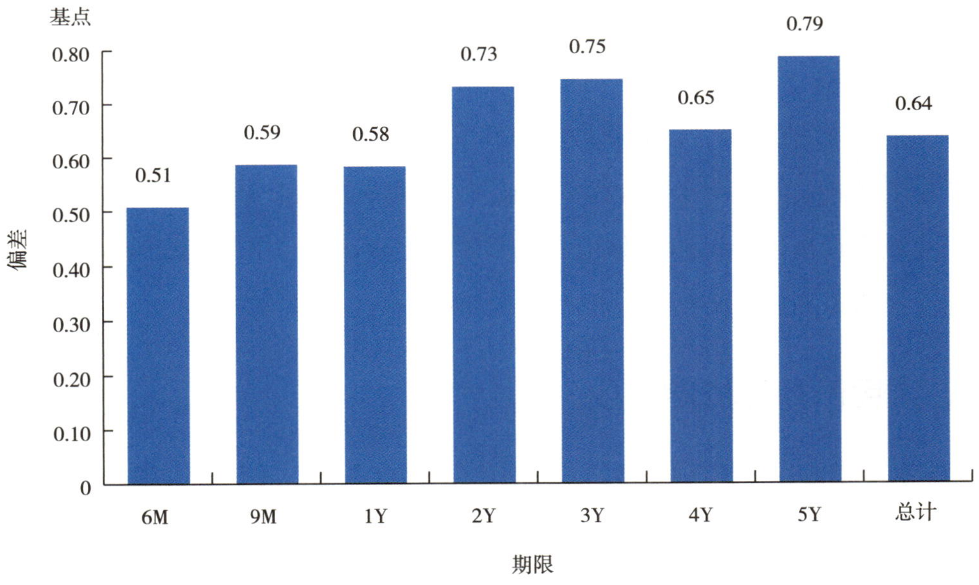

图5-21　2021年Shibor3M利率互换定收盘曲线与成交比较

（资料来源：中国外汇交易中心）

报价方面，2021年FR007和Shibor3M利率互换定收盘曲线报买和报卖平均差值在较小的范围内。

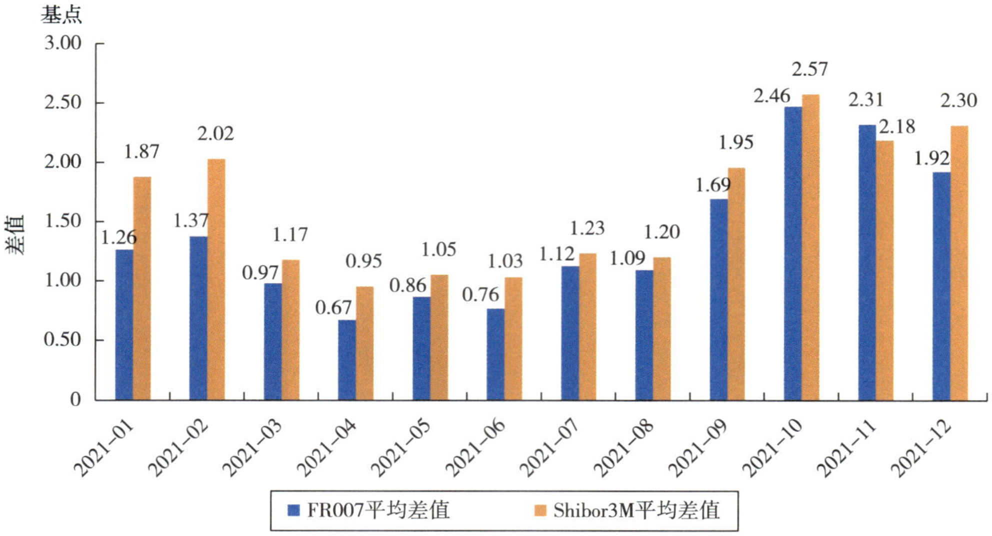

图5-22　2021年利率互换定收盘曲线报买报卖差值

（资料来源：中国外汇交易中心）

（二）利率互换估值

交易中心自2012年5月起推出利率互换合约估值服务，服务范围覆盖Shibor3M、FR007、ShiborO/N、一年定存（1Y Depo）、LPR1Y、LPR5Y等参考利率的利率互换合约估值服务，以及参考GB10等债券收益率的利率互换合约估值服务。2019年8月，交易中心推出了自定义曲线的利率互换合约估值服务。交易中心每日18:00对截至当日17:30的利率互换存量合约提供T+0和T+1估值。截至2021年末，交易中心每日为约56.5万笔的利率互换存量合约提供估值服务。

八、人民币外汇掉期曲线

外汇掉期自2006年推出后发展迅速，2014年起成为银行间外汇市场最活跃的交易品种。为满足机构的定价需求，交易中心现已发布人民币对美元、欧元、日元、港元和英镑5个货币对的外汇掉期曲线。发布时间为每个工作日9:30至23:30，发布频率为每5分钟一次。

（一）2021年运行情况

2021年人民币对美元外汇掉期曲线短端下降、中端上升、远端下降。1周（1W）、2周（2W）、3周（3W）掉期点分别较上年末下行2个、5个和10个基点，1个月（1M）、

3个月（3M）、6个月（6M）、1年（1Y）掉期点分别较上年末上行54个、44个、60个和63个基点，3年（3Y）掉期点较上年末下行895个基点。

人民币对欧元、日元、港元和英镑的外汇掉期曲线较上年末涨多跌少，其中1年期掉期点分别较上年末上行60个、上行8个、上行10个、下行381个基点。

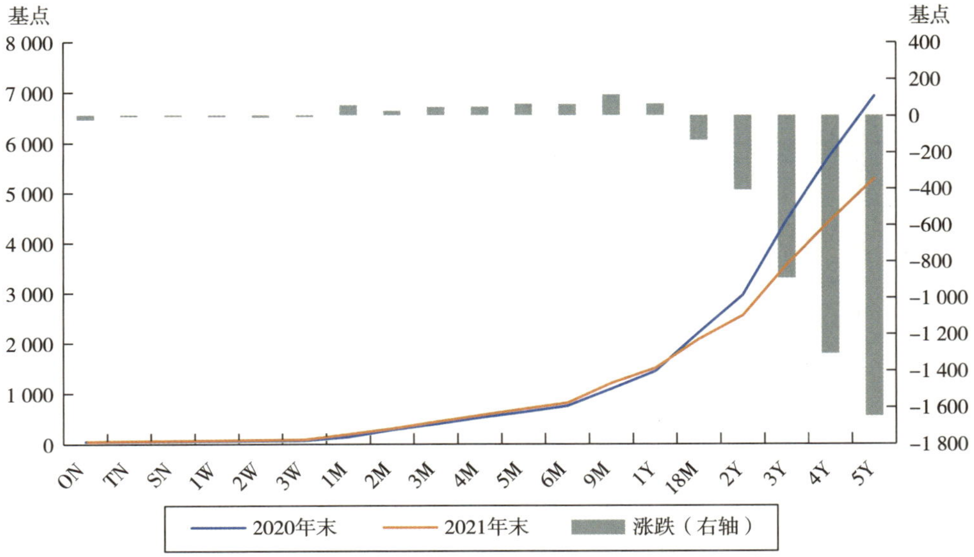

图5-23　2021年人民币对美元外汇掉期曲线年末值

（资料来源：中国外汇交易中心）

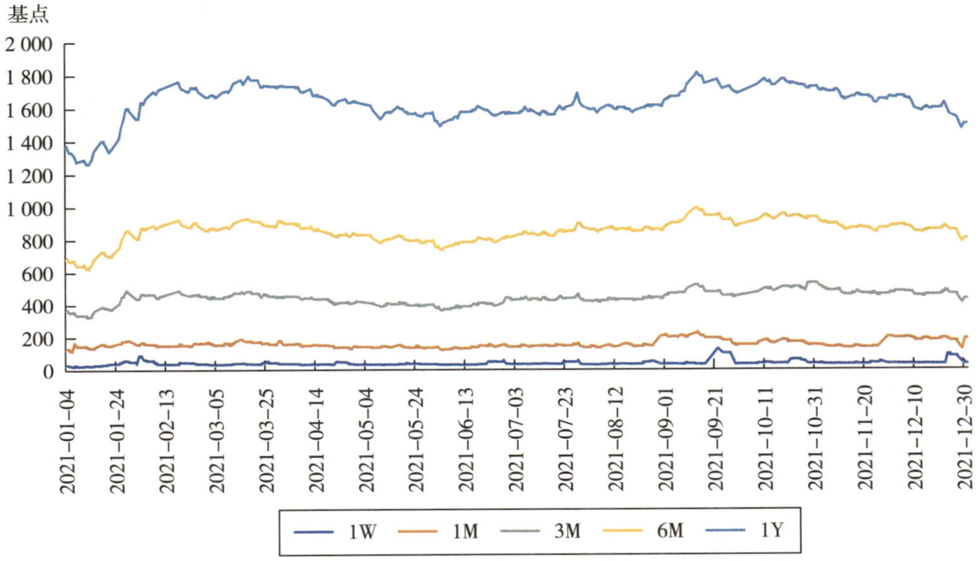

图5-24　2021年人民币对美元外汇掉期曲线走势

（资料来源：中国外汇交易中心）

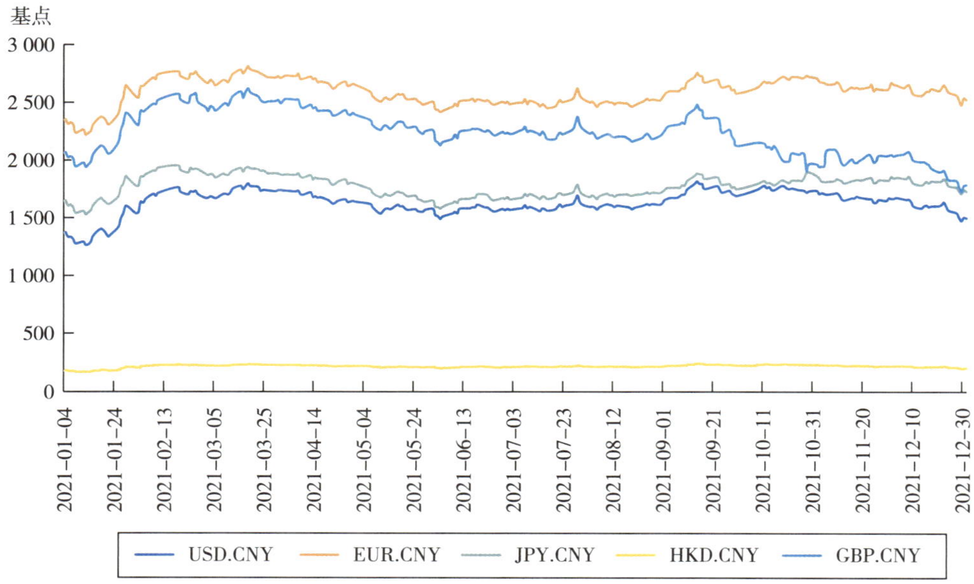

图5-25　2021年各货币对外汇掉期曲线1年期走势

（资料来源：中国外汇交易中心）

人民币外汇掉期曲线质量较好。2021年，外汇掉期曲线65%的掉期点由成交价生成，84%的成交价与掉期曲线掉期点的偏离在1个基点以内。

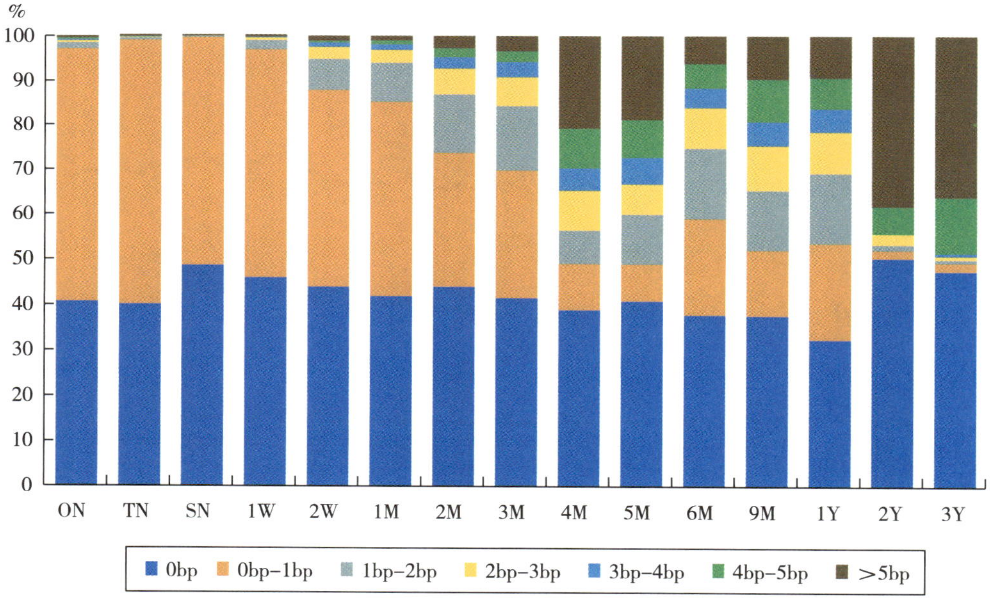

图5-26　2021年外汇掉期曲线与成交价对比

（资料来源：中国外汇交易中心）

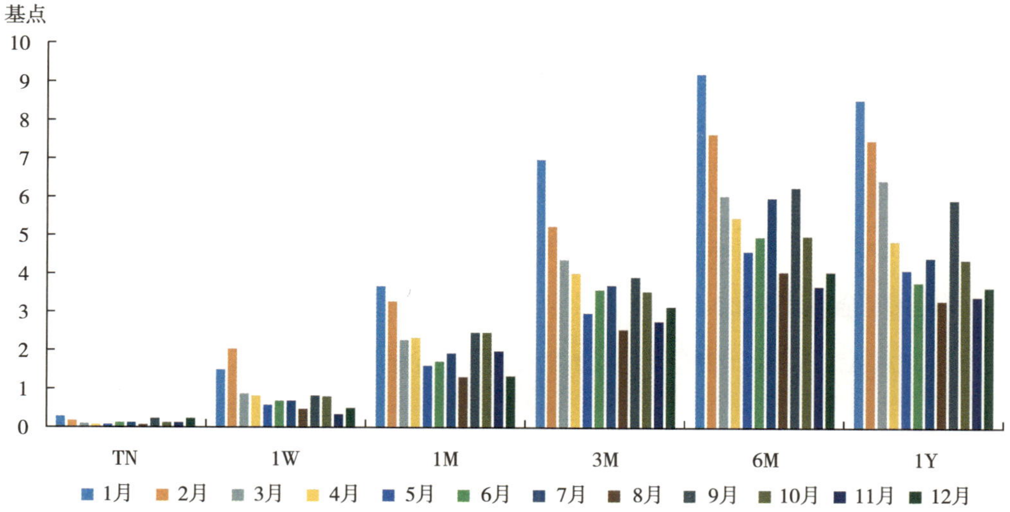

图5-27 2021年每月外汇掉期曲线买卖价差均值

（资料来源：中国外汇交易中心）

（二）市场应用情况

外汇掉期曲线在银行间市场得到了广泛应用。银行间外汇市场中交易较活跃的机构大都在使用该曲线，用于盯市、DV01计算、交易价格监控等。外汇掉期曲线还应用于交易中心外汇掉期冲销业务，外汇期权、货币掉期等外汇衍生品的定价和冲销业务以及上海清算所外汇掉期净额清算业务保证金计算等。

为满足机构风险管理、定价等方面的需求，交易中心从2019年4月起正式向市场推出外汇掉期估值服务。截至2021年末，交易中心每日为19万笔左右的外汇掉期存量合约提供估值服务。

九、人民币外汇期权波动率曲线

交易中心每个交易日10:00、11:00、14:00、15:00和16:00对外发布外汇期权隐含波动率曲线，曲线品种包括13个标准期限（1D、1W、2W、3W、1M、2M、3M、6M、9M、1Y、18M、2Y和3Y）的ATM、25DBF、25DRR、10DBF和10DRR。该曲线已经成为反映外汇市场情绪、辅助外汇期权定价的重要基准指标。

（一）2021年运行情况

2021年，在我国银行间外汇期权市场提供的13个标准期限的期权交易产品中，1M和

1Y期限的期权交易量流动性较好，代表性更强，故选取1M和1Y期限的ATM外汇期权隐含波动率数据进行走势分析。

图5-28为2021年全年1M和1Y的ATM外汇期权隐含波动率全年走势。从图中可以看出，外汇期权隐含波动率全年波动下行，且短端波动率下行幅度远超长端，1M期限波动率从年初的4.90%下降至年末的3.05%，同期1Y期限波动率从4.75%降至4.13%，这主要是因为2021年整体全球市场的风险事件比较少，美联储政策提前沟通充分，拜登执政下的中美关系相对稳定，因而2021年整体隐含波动率比较稳定，波动率的波动也相应降低。

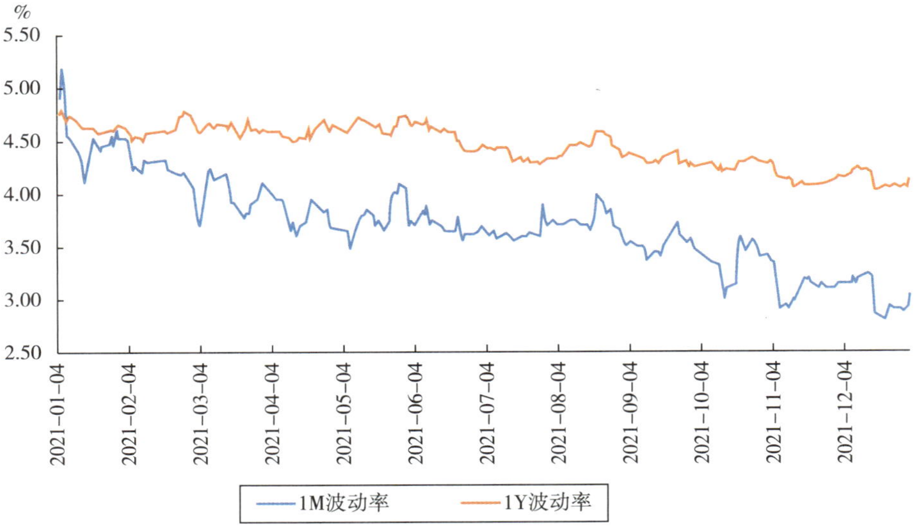

图5-28　2021年外汇期权隐含波动率走势（ATM）

（资料来源：中国外汇交易中心）

2021年，外汇期权隐含波动率曲线价格中来源于成交的数据比2020年提高了80%，且与交易较活跃的ATM、25DRR、25DBF成交价平均偏差分别为0.05%、0.03%、0.008%，与成交接近，曲线基准性较好。

（二）市场应用情况

交易中心提供的外汇期权隐含波动率曲线价格相比市场同类曲线双边价差更小、可成交性更强，已被多家市场成员用于机构内部交易报价、估值和风险参数计量。同时，市场成员可在新一代外汇交易平台内嵌的外汇期权定价引擎采用该曲线数据对外汇期权合约进行定价。交易中心提供的日终期权存量合约估值服务也采用该曲线收盘数据计算。

十、人民币汇率指数

2015年12月，交易中心发布CFETS人民币汇率指数，同时推出参考BIS货币篮子、SDR货币篮子计算的人民币汇率指数。交易中心通过中国货币网于银行间外汇市场每周首个交易日8：30发布上周最后交易日指数数据，每月首个交易日8：30发布上月最后交易日指数数据。

（一）指数最新调整

2021年末，交易中心根据CFETS人民币汇率指数货币篮子调整规则，调整CFETS人民币汇率指数货币篮子的权重。新版指数自2022年1月1日起生效。新版CFETS人民币汇率指数基于2020年度贸易权重计算，其货币篮子权重与我国贸易结构的匹配度更高，能更好地体现人民币汇率对贸易竞争力的影响。从权重变化看，美元、欧元和泰铢的权重增幅最大，分别达到1.09%、0.29%和0.16%。而沙特阿拉伯里亚尔、瑞士法郎和南非兰特的权重降幅最大，分别为–0.43%、–0.34%、–0.26%。鉴于国际清算银行（BIS）和国际货币基金组织（IMF）并未调整相应人民币汇率指数的货币篮子和权重，故BIS货币篮子和SDR货币篮子的人民币汇率指数的货币篮子和权重保持不变。

（二）2021年运行情况

2021年12月31日，CFETS人民币汇率指数为102.47，较2020年末上涨8.05%；参考BIS货币篮子和SDR货币篮子的人民币汇率指数分别为106.66和100.34，分别较2020年末上涨

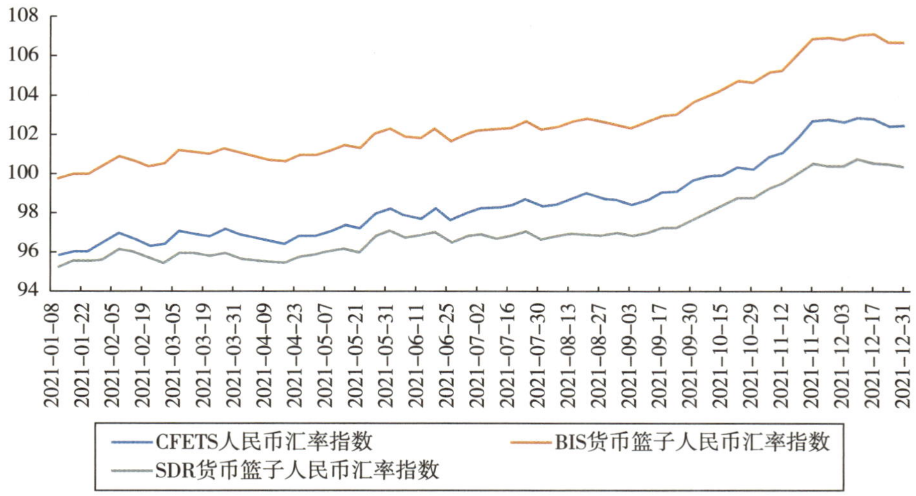

图5–29　2021年人民币汇率指数走势

（资料来源：中国外汇交易中心）

8.09%和6.48%。2021年，CFETS人民币汇率指数震荡上行，年内最高升至102.86，创下2016年以来新高。总体来看，2021年人民币对一篮子货币汇率表现出持续强势的走势。

十一、债券指数

（一）2021年新推指数

经过多年的努力，交易中心从市场实际需求出发，推出了包括利率债指数、信用债指数、综合指数、CFETS-BOC交易型债券指数、定制指数、实时债券指数等多个指数系列。2021年，交易中心新增发布25只债券指数，累计发布57只债券指数。

2021年新发债券指数包括5只国开行流动性权重债券指数、1—5年期中高活跃性国开行债券指数、5只农发行流动性权重债券指数、1—5年期中高活跃性农发行债券指数、银行间碳中和债券指数、银行间绿色债券指数、同业存单AAA指数、同业存单AA+指数、银行间高等级绿色债券指数、8只国债及政策性金融债指数。

CFETS债券指数				
利率债指数	国债及政策性金融债指数（具体包括总指数、1—3年、3—5年、5—7年、7—10年、1—5年、3—7年和5—10年） 政策性金融债指数（具体包括0—3年、1—3年、3—5年、5—7年、7—10年、1—5年、5—10年和3—7年） 国开债指数（具体包括1—3年、3—5年、5—7年、7—10年、1—5年、5—10年和3—7年） 农发债指数（具体包括1—3年、3—5年、5—7年、7—10年、1—5年、5—10年和3—7年）、 进出口债指数（具体包括1—3年、1—5年和1—10年）			
信用债指数	0—5年期央企、优质民企、高等级短融、短融(AA+)、同业存单AAA、同业存单AA+			
CFETS-BOC债券指数	国债指数	政策性金融债指数	高信用等级债券指数	1—3年期高等级债券指数
	3—5年期高等级债券指数	同业存单指数		
综合指数	银行间绿色债券指数	银行间高等级绿色债券指数	银行间碳中和债券指数	
实时债券指数	综合债券指数	国债指数	短期国债指数	中期国债指数
	长期国债指数	政策性金融债指数	企业债指数	中期票据指数
定制指数	7—30年期利率债指数			

图5-30　CFETS债券指数系列

（资料来源：中国外汇交易中心）

（二）2021年运行情况

2021年，CFETS债券指数（总收益）涨幅较前一年整体上有较为明显的上升。

从总体走势来看，全年表现稳中有升，整体呈现上行的态势。其中，总收益指数涨幅居首的为7—30年期利率债指数，全年上涨7.22%，涨幅居末的为高等级短融指数，全年涨幅为2.51%。从品种来看，总收益债券指数中，同期限的信用债指数整体涨幅仍要高于利率债指数。从期限来看，长期限指数涨幅要高于短期限指数涨幅。

从指数市值来看，利率债指数均达到万亿元级别，其中国债及政策性金融债指数总市值超过26万亿元。信用债指数整体仍处于千亿元级别，少数突破万亿元级别，其中同业存单AAA指数总市值超过9万亿元。

表5-2　主要CFETS债券指数2021年运行指标

债券指数	2020年总收益指数涨跌幅（%）	2021年总收益指数涨跌幅（%）	久期（年）	到期收益率（%）	总市值（亿元）
国债及政策性金融债	3.00	5.57	5.57	2.77	264 259.84
1—5年国债及政策性金融债	2.69	4.13	2.57	2.52	127 448.33
5—10年国债及政策性金融债	3.47	6.15	6.40	2.93	112 744.89
1—3年政策性金融债	2.68	3.77	1.60	2.46	34 088.41
3—5年政策性金融债	3.30	5.04	3.57	2.75	25 380.64
5—7年政策性金融债	3.99	6.02	5.12	2.94	24 710.97
7—10年政策性金融债	3.74	7.05	7.22	3.11	42 566.96
0—5年央企债	3.05	4.02	1.36	2.78	2 950.64
银行间绿债	3.25	4.25	1.66	2.82	4 670.24
银行间高等级绿债	3.18	4.32	1.75	2.77	4 023.13
银行间碳中和债	—	5.01	2.18	2.87	929.76
同业存单AAA	2.66	2.93	0.46	2.62	92 387.16
同业存单AA+	2.72	2.92	0.40	2.70	21 721.04
高等级短融	2.11	2.51	0.38	2.67	6 143.50
优质民企债	3.61	3.07	1.54	7.45	1 307.05
CFETS-BOC国债	2.32	4.44	4.13	2.54	30 799.09
CFETS-BOC政策性金融债	3.37	5.52	5.14	2.82	18 368.36
CFETS-BOC高信用债	2.99	4.16	2.33	2.85	3 289.75
CFETS-BOC 1—3年高信用债	3.01	4.32	1.61	2.77	3 518.37
CFETS-中信证券7—30年利率债	3.46	7.22	8.83	3.09	69 901.47

资料来源：中国外汇交易中心。

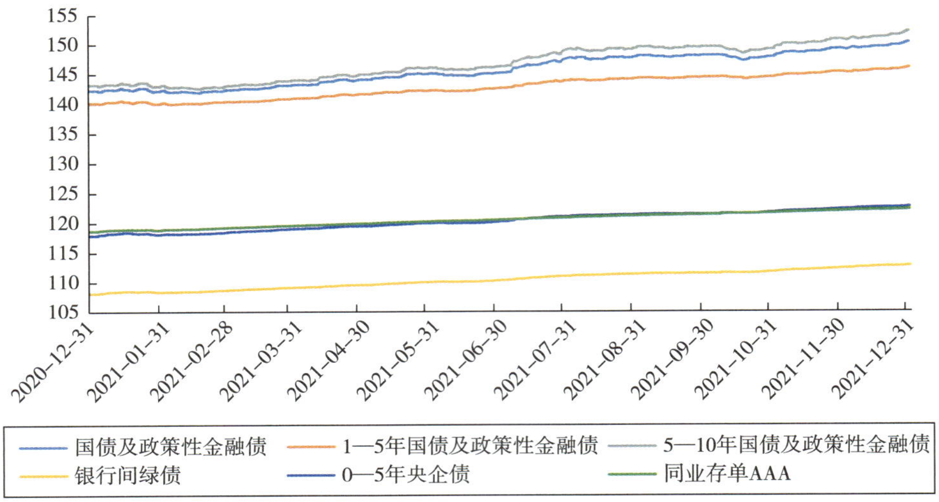

图5-31　2021年CFETS主要债券指数（总收益）走势

（资料来源：中国外汇交易中心）

（三）市场应用情况

CFETS债券指数主要用于反映各类债券的价格变化和收益水平、作为投资的业绩比较基准、作为某些金融衍生品标的以及开发指数产品等。

2021年，首只跟踪CFETS债券指数的公募基金——浦银安盛CFETS 0—5年期央企债券指数正式获得证监会批准发行，初始募集规模达到80亿元，CFETS债券指数应用取得突破性进展。

第六章

市场对外开放报告

- 市场对外开放进展
- 境外机构市场交易情况
- 债券通机制创新与进展
- 离岸人民币交易情况

2021年，我国银行间市场双向开放持续推进。对外开放渠道持续丰富和畅通，进一步提升了境外投资者参与便利度，推动境外投资者更大力度、更宽领域投资银行间市场。债券通“南向通”平稳起步，境内投资者投资全球债券市场的渠道进一步拓宽，持续提升我国银行间市场的双向开放水平。离岸市场上，2021年末，人民币在全球支付和贸易融资中的份额分别列全球第四位和第三位。

一、市场对外开放进展

2021年，我国银行间市场开放成效显著。目前境外投资者可通过直接投资渠道和债券通“北向通”渠道投资银行间债券市场，相关机制不断优化；债券通“南向通”平稳起步，境内投资者投资全球债券市场的渠道进一步拓宽。

（一）债券通“南向通”业务上线

2021年9月24日，债券通“南向通”适时启动，债券通正式“双向通车”。交易中心与境外第三方基础设施平台相互连接，为境内机构通过“南向通”渠道投资交易全球债券提供多币种、多机制、一站式的高效便捷服务。截至2021年末，共有五十余家境内投资者通过交易中心系统达成“南向通”交易，交易标的涵盖人民币、港元、美元及欧元等币种计价的主要债券类型。

（二）人民币对印度尼西亚卢比区域交易上线

在中国与印度尼西亚双边本币结算（LCS）框架合作机制下，2021年9月6日，人民币对印度尼西亚卢比在银行间区域市场正式挂牌交易，交易品种包括即期、远期、掉期和货币掉期。人民币对印度尼西亚卢比是首个支持衍生品交易的区域货币。此业务有助于降低企业汇兑成本，提升双边本币结算便利化程度，充分发挥金融服务对“一带一路”建设的支持作用。

（三）境外机构参与市场的便利度进一步提升

2021年10月，富时罗素开始把中国国债纳入富时世界国债指数（WGBI），交易中心支持富时罗素纳指稳步落地；系统实现连接3个境外平台（Bloomberg、Tradeweb、MarketAxess）、40余家境内报价商。此外，债券通下国际付费模式、收盘价交易服务、债券通外汇风险管理信息服务以及银行间市场为境外机构提供外币三方回购等服务相继推出，进一步提升境外投资者参与银行间市场的便利度。

表6-1　2021年银行间市场双向开放相关政策措施

时间	政策	颁布机构
2021年3月11日	《关于推出债券通外汇风险管理信息服务的公告》（中汇交公告〔2021〕16号）	中国外汇交易中心
2021年9月6日	《关于开展人民币对印尼卢比银行间市场区域交易的通知》	中国外汇交易中心
2021年9月10日	《关于授权债券通公司提供债券通外汇业务相关服务的公告》（中汇交公告〔2021〕40号）	中国外汇交易中心
2021年9月14日	《关于开展内地与香港债券市场互联互通南向合作的通知》（银发〔2021〕235号）	中国人民银行
2021年9月15日	《全国银行间同业拆借中心债券通“南向通”交易规则》（中汇交公告〔2021〕42号）	中国外汇交易中心

资料来源：中国外汇交易中心整理。

截至2021年末，参与境内银行间外汇市场的境外机构总数达176家，占外汇市场全部会员数的23%，其中参与人民币外汇市场的境外清算行22家，境外参加行55家，境外央行类机构54家。参与境内银行间本币市场①的境外机构及其产品总数达4 576家（只），其中法人机构652家，占本币市场全部法人机构会员数的16%；全球排名前100位的资产管理公司中已有70余家进入境内银行间市场。

二、境外机构市场交易情况

2021年，境外机构在银行间市场交投活跃，交易量快速增长，全年在本外币市场共成交57.8万亿元，同比增长33.0%。

（一）外汇市场

2021年，境外机构在银行间外汇市场成交共计42.5万亿元，同比增长29.9%，占外汇市场全部成交量的14.4%，较上年提高约8个百分点。

从机构类型看，境外银行是外汇市场成交主力，2021年全年共成交31.7万亿元，同比增长55.7%，占全部境外机构外汇市场成交额的74.7%，较上年提高12个百分点；其次是境外人民币清算行和境外央行，成交量分别占20.2%和5.0%，较上年分别下降11个和2个百分点。

① 本币市场包括人民币货币市场、债券市场和利率衍生品市场。

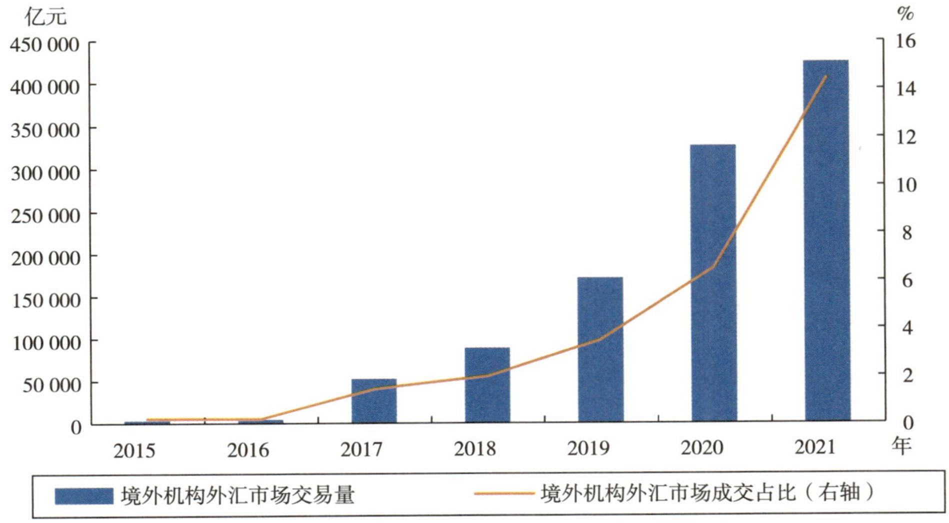

图6-1　2015—2021年境外机构在银行间外汇市场成交量及占比

（资料来源：中国外汇交易中心）

从成交产品看，外币拆借是最主要的成交品种，远超外汇即期、远期、掉期、货币掉期、期权和外币回购。全年境外机构外币拆借累计成交35.1万亿元，同比增长31.9%，占境外机构全部外汇市场交易量的82.6%，其次是掉期和即期交易，分别占14.2%和2.5%。

从地域分布看，机构合计成交量排名前三位的国家或地区分别是中国香港、美国和中国澳门，2021年交易量在全部境外机构中占比分别为27.2%、21.6%和20.7%。

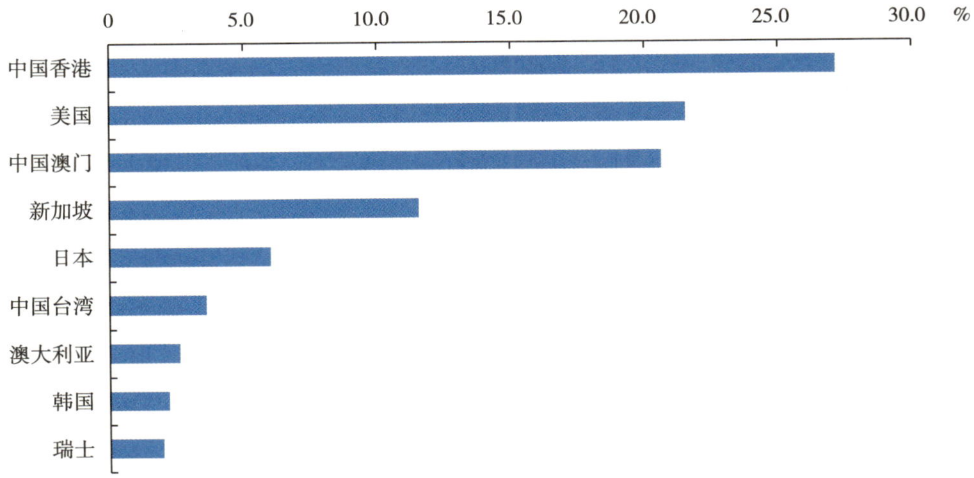

图6-2　2021年境外机构银行间外汇市场交易占比（按来源国家/地区分类）

（资料来源：中国外汇交易中心）

（二）本币市场

2021年，中美国债利差保持高位，且人民币债券持续纳入国际债券指数，推动资金流入境内债券市场，境外机构交易更加活跃。截至2021年末，境外机构在银行间市场持债规模达到4.0万亿元，占我国债券市场余额的3.1%，较上年末增持23%、7487亿元。全年，境外投资者在银行间本币市场共成交15.3万亿元，同比增长42.1%，占本币市场全部成交量的0.5%，较上年提高0.1个百分点。其中，现券市场成交11.6万亿元，同比增长25.4%，占现券市场全部成交量的2.7%①。

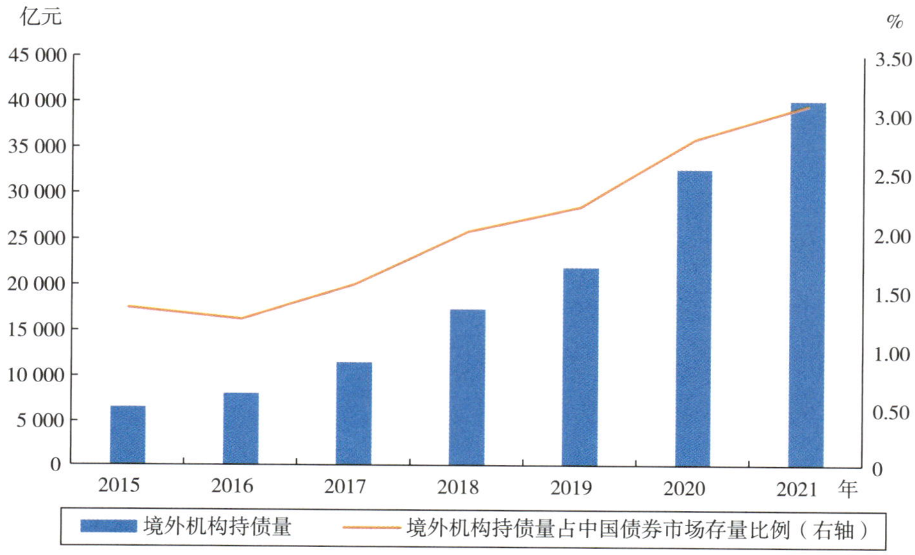

图6-3　2015—2021年银行间债券市场境外机构持有量及占比

（资料来源：中央结算公司、上海清算所、Wind）

① 该比例计算方式为：境外机构债券市场交易量（双向买卖方向均计入）/（单边计债券市场总交易量×2）。

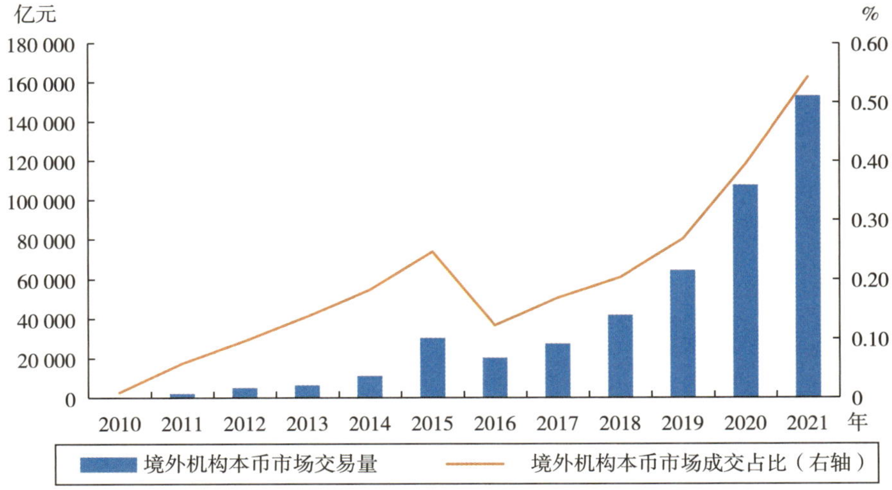

图6-4　2010—2021年境外机构在本币市场成交量及占比

（资料来源：中国外汇交易中心）

总体来看，2021年境外机构在本币市场交易主要呈现以下特征：

1. 境外银行仍然是最活跃的成交主力

境外银行、境外人民币清算行和境外央行仍然是本币市场的成交主力，三者成交量分别占境外机构在本币市场成交总量的43.8%、17.2%和12.3%，其中境外银行和境外人民币清算行成交量占比较上年分别提高2个和6个百分点，境外央行成交量占比下降3个百分点。

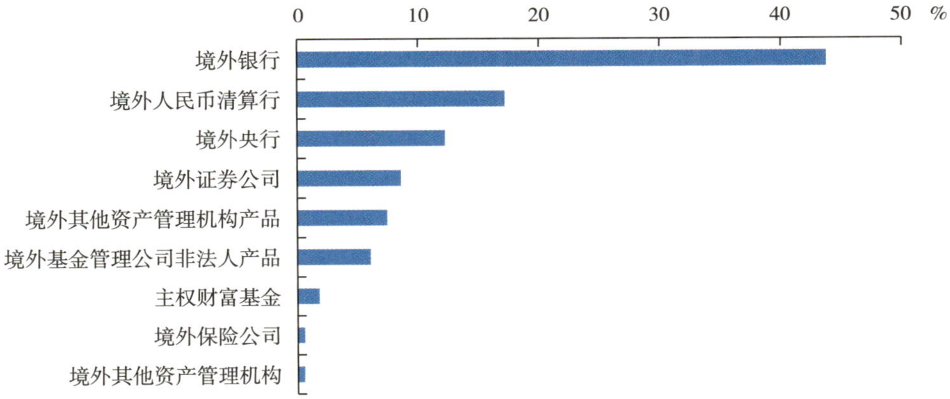

图6-5　2021年银行间本币市场不同类型境外机构交易排名

（资料来源：中国外汇交易中心）

2. 国债成交活跃度进一步上升

从交易券种看，国债、政策性金融债和同业存单是境外机构最青睐的成交品种，分别占境外机构现券交易的54.1%、32.5%和10.3%。国债占比较上年上升9个百分点，政策性金融债和同业存单占比分别下降7个和2个百分点。

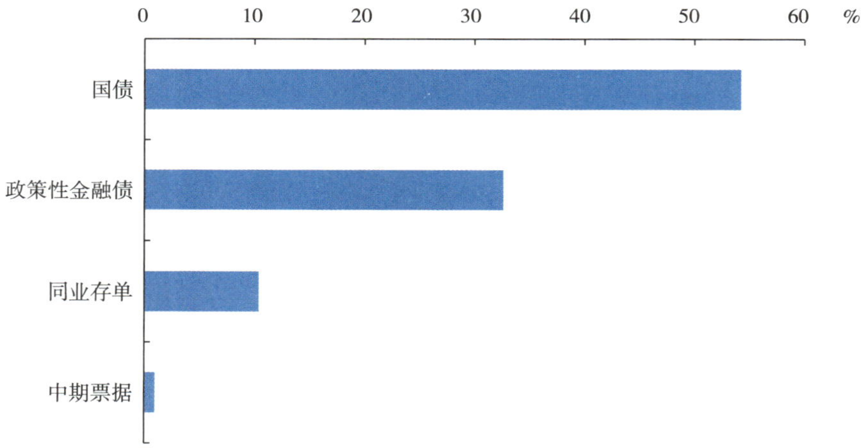

图6-6　2021年境外机构现券交易排名（按券种分类）

（资料来源：中国外汇交易中心）

3. 中国香港、新加坡和英国投资者债券交易最为活跃

2021年，债券交易进一步向来自中国香港、新加坡和英国的投资者集中。上述三地投资者全年债券交易量分别占全部境外机构交易量的45.9%、12.9%和12.4%，较上年分别增长7个、5个和1个百分点。

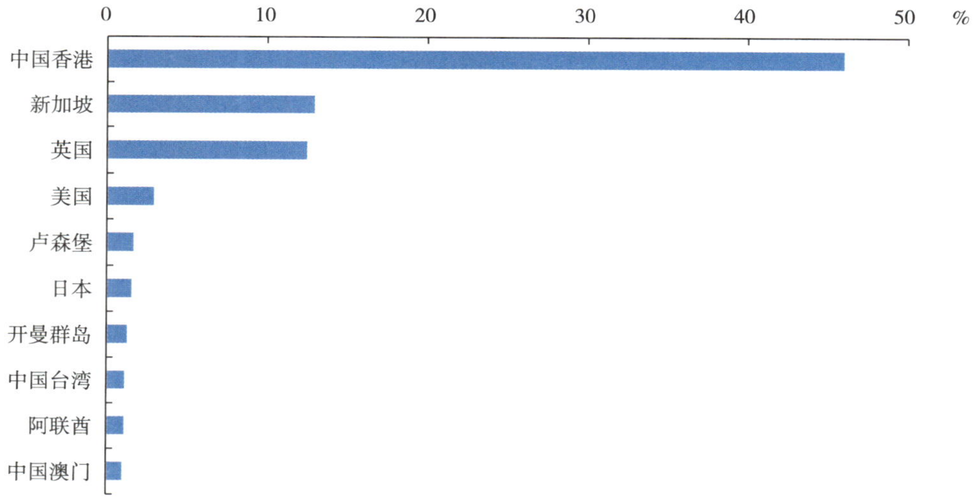

图6-7　2021年境外机构现券交易排名（按来源国家/地区分类）

（资料来源：中国外汇交易中心）

三、债券通机制创新与进展

2017年7月正式开通的债券通（若无特别注明，指“北向通”）机制迄今已运行四年有余，随着中国债券市场进一步深化改革和对外开放，债券通亦不断发展和完善。在境外机构扩大增持银行间市场债券规模的大背景下，债券通以其便捷的入市、交易、托管和结算等方面互联互通的机制安排，获得了国际市场和境外机构投资者的持续关注和高度认可。自开通以来，通过债券通模式进入中国银行间债券市场的境外机构投资者数量日益增加，总交易量稳步攀升且日均交易量屡创新高，已成为境外机构投资中国债券市场的重要渠道之一。

（一）2021年主要进展

2021年，在人民银行和交易中心的指导下，债券通继续完善运行机制，优化产品和服务，推动中国银行间债券市场的国际参与度和高质量对外开放，各方反响良好。

1. 上线国际付费模式及新增境外交易平台

自2021年4月20日起，债券通境外机构投资者可通过获认可的第三方平台向交易中心申请开通国际付费模式（Dealer Pay Model），即投资者可直接通过债券通做市商获取已加入交易费用的债券报价。在债券通机制下，Tradeweb首先上线该功能。

2021年9月27日，债券通新增MarketAxess为“北向通”第三家境外交易平台，支持境外机构投资者通过MarketAxess一点接入，直接与境内做市机构在交易中心系统达成交易，同时自首日起便支持债券通渠道下的国际付费模式。MarketAxess成为接入债券通的又一电子交易平台，将显著提升境外机构交易便利性，进一步促进良性竞争并增强流动性。

与此同时，经与Bloomberg密切沟通协作，Bloomberg于2021年9月30日正式上线国际付费模式。至此，债券通“北向通”下的三大电子交易平台全部支持国际付费模式。

2. 优化入市备案流程及配套服务

2021年，债券通全力配合人民银行和交易中心工作并积极响应投资者反馈，不断优化境外机构入市备案流程及相关配套服务，进一步便利外资参与中国债券市场。按照“境外机构不再以产品名义提交申请，无需逐只产品入市”的最新要求，债券通于2021年3月上线了法人实体入市备案并持续完善E-Filing电子入市系统，以简化相应流程，提升用户体验，迄今为止已有超过400家境外机构使用。

3. 市场机制完善与政策发展

2021年，有关债券通的市场机制完善与政策发展主要包括：（1）自2021年2月18日起，香港金融管理局债务工具中央结算系统（CMU）将提交债券结算指令及通过香港即时支付结算系统（RTGS）存入资金指令的截止时间由下午2点延迟到3点；（2）自2021年9月24日起，内地与香港债券市场互联互通南向合作（债券通“南向通”）正式上线运行，为内地机构投资者投资香港及全球债券市场提供便捷通道，推动中国债券市场改革开放高质量发展；（3）财政部和国家税务总局于2021年11月宣布对境外机构投资境内债券市场取得的债券利息收入暂免征收企业所得税和增值税的日期延续至2025年12月31日。

4. 持续拓展一级市场业务

自债券通上线“新债易”（ePrime）境外债券发行系统以来，2021年全年成功支持多家政策性银行和商业银行共完成8笔境外债券发行，涵盖当下市场热门主题（如粤港澳大湾区、绿色债券、碳中和）及不同币种的债券。ePrime系统有效地提高了境外债券发行认购的便捷性、透明度及合规性，截至2021年末已累计引入27家境外承销商使用该系统。同时，为支持ePrime系统推广以服务更广泛的客户群体，债券通已决定延长ePrime系统服务免费期至2022年12月31日。

此外，债券通公司与交易中心正持续推进ePrime系统的北向一级认购服务和南向一级认购服务并取得有效进展，待时机成熟时将与交易中心共同开展服务，为完善我国债券市场双向开放的制度安排助一臂之力。

一级市场信息发布方面，自2019年2月上线以来至2021年末，债券通“新债信息通”与境内26家发行人及承销商紧密合作，已在网上累计发布超过4 000只债券全英文的发行信息和发行结果，系统平稳运行，流程规范高效，方便境外投资者直接认购。

5. 上线外汇市场相关业务

为进一步便利债券通投资者资金汇兑和外汇风险管理业务开展，“债券通外汇风险管理信息服务系统”（CNYPlus）于2021年9月13日正式上线，香港外汇结算行可通过该系统向交易中心提交对客人民币外汇交易报送数据，并查询经其客户授权的债券通项下债券及相关人民币外汇交易信息数据，协助其做好人民币外汇交易合规管理。未来，债券通将进一步丰富CNYPlus系统功能，助力境外市场机构灵活有序参与人民币外汇交易。

与此同时，为不断完善债券通机制的外汇业务安排，经交易中心授权，债券通正式开展债券通投资者指定香港外汇结算行（亦称第三方外汇）备案工作。同时，为给投资者提供一站式体验、提升运营效率及优化第三方外汇登记流程，债券通已于2021年10月26日完成E-Filing系统升级改造，实现投资者指定香港外汇结算行备案的电子化流程。

（二）运行效果

债券通投资者数量持续增长，截至2021年末累计有728家境外机构投资者（以法人为统计口径）通过债券通模式进入银行间债券市场，开立3 233个交易账户（同比增长37.5%）。通过持续的市场推广和投资者教育工作，境外机构投资者涵盖的类型丰富，除亚太、北美和西欧等入市投资者较为聚集的传统地区外，现已扩展至其他新兴市场，截至2021年末共覆盖全球35个国家和地区。

随着境外机构投资者入市数量不断增加，债券通的交易量也稳步攀升，屡创佳绩。债券通2021年全年共成交6.5万亿元人民币，同比增长33.9%；日均交易量近266亿元人民币，同比增长34.2%，其中2021年12月16日单日交易量（510亿元人民币）、2021年11月单月交易量（6 440亿元人民币）和2021年11月30日单日成交笔数（1 113笔）均创债券通自开通以来截至2021年末新高。市场份额方面，2021年度债券通交易量占境外机构银行间债券市场总交易量的56.0%，同比增长5.7%。国债、政策性金融债和同业存单是境外机构投资者最关注的品种，合计占2021年债券通交易量的95%以上。

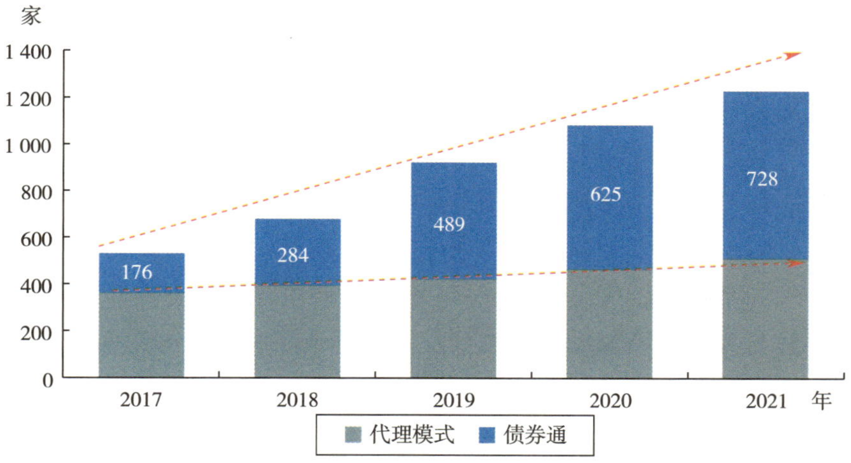

图6-8　2017—2021年债券通下投资者数量占比

（资料来源：中国外汇交易中心、债券通公司）

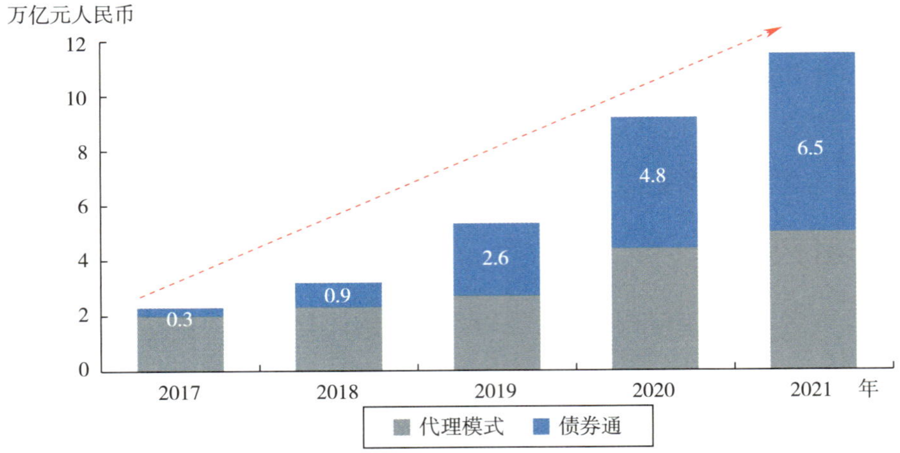

图6-9　2017—2021年债券通下境外投资者交易量

（资料来源：中国外汇交易中心、债券通公司）

债券通机制的运行与发展始终见证并伴随着中国债券市场对外开放的步伐。债券通“北向通”自2017年7月上线以来运行平稳高效，既注意采取多级托管等国际通行做法，切实便利境外机构“一点接入”，又充分考虑我国国情，以穿透式信息收集等一系列安排有效支持监管和风险防范。“北向通”各环节日趋完善，已成为境外机构入市的重要渠道，助力全球三大债券旗舰指数全部纳入中国债券。在“北向通”运行四年多后，2021年9月开通的债券通“南向通”进一步提升了内地与香港金融市场的联通效率和一体化程度，拓展了内地投资者在国际金融市场配置资产的空间。债券通机制“双向通车”的实现，有利于完善我国债券市场双向开放的制度安排，促进跨境资金流动平衡，优化中国资本市场的结构，助力人民币国际化的进程，也彰显我国债券市场对外开放进入更高层次阶段。

四、离岸人民币交易情况

根据环球银行金融电信协会（SWIFT）报告，2021年12月人民币全球支付总额较上月增长34.6%；12月人民币全球支付份额为2.7%，在所有货币中列第四位；当月在欧元区以外的国际支付中，人民币全球支付份额为1.91%，在所有货币中列第六位。作为主要的国际贸易融资货币，人民币的全球份额为2.01%，排在美元（86.60%）和欧元（6.28%）之后，列第三位。外汇即期交易比重方面，人民币排在美元、欧元、英镑、日元和加元之后，列第六位。

人民币离岸中心方面，从客户和机构的人民币支付数据来看，中国香港、英国、新加坡仍为前三大离岸人民币中心，全球份额分别为76.84%、6.62%和3.33%；从外汇即期交易比重来看，中国之外，英国、美国和中国香港为人民币外汇即期交易最活跃的国家和地区，全球份额分别为35.83%、14.21%和9.43%。

（一）外汇市场

2021年，受海外疫情周期反复、我国国际收支改善等因素影响，人民币兑美元即期汇率呈现震荡走升的行情，离岸与在岸市场基本同步。2021年初，受美债实际收益率上行影响，美元指数不断创新高，离岸与在岸人民币兑美元汇率小幅走贬。年中以来，国内出口保持强劲，同时中国长期利率显著高于主要发达经济体，外资流入增加，人民币汇率在美元指数连创新高的情况下不弱反强。2021年末离岸和在岸人民币兑美元即期汇率分别收于6.3611和6.3730，同比分别升值2.2%和2.6%。CFETS人民币汇率指数为102.47，同比上升8.1%。

参考BIS货币篮子和SDR货币篮子的人民币汇率指数分别为106.66和100.34，同比分别上升8.1%和6.5%。香港全球离岸人民币指数RXY收于102.36，同比上升7.8%。

图6-10 2021年离岸与在岸人民币兑美元即期汇率

（资料来源：中国外汇交易中心、路透信息终端）

2021年，在岸和离岸人民币掉期点先升后降，一年期掉期点分别收于1 495点和1 424点，较上年末分别上升55个基点和下降3个基点。离岸与在岸一年期掉期点价差年内日平均值为65点，较上年平均值下降89个基点。

图6-11　2021年离岸与在岸人民币兑美元一年期掉期点

（资料来源：中国外汇交易中心、路透信息终端）

2021年末，CNH掉期隐含利率7天、3个月和1年期分别收于1.64%、2.41%和2.64%，较2020年末分别下降109个、24个和上升22个基点。2021年，CNH掉期隐含利率7天、3个月和1年期的年平均值分别为2.68%、2.77%和2.73%，较2020年平均值分别上升29个、36个和48个基点。2021年末，CNH兑美元交叉货币互换利率（CCS）3个月和1年期分别收于2.49%和2.73%，较2020年末分别下降14个和上升35个基点。2021年，CCS3个月和1年期的年平均值分别为2.74%和2.71%，较2020年平均值分别上升37个和49个基点。

2021年，香港交易所美元兑人民币期货合约累计成交1 556 453张，较上年降低12%，年末未平仓合约18 811张，较上年降低33.3%。美元兑人民币期权合约累计成交5 496张，较上年下降38.7%，年末未平仓合约1 489张，较上年下降40%。2021年，新加坡交易所USD/CNH期货合约共成交10 446 582张，同比上升4%，年末未平仓合约97 763张，同比上升11%。USD/CNH期权合约累计成交4 802张，同比上升26.3%，年末未平仓合约1 294张，同比上升9%。

（二）债券市场

2021年，离岸人民币债券市场建设继续推进。人民银行在香港发行了1 200亿元央票，此举有利于丰富香港市场高信用等级人民币投资产品系列和人民币流动性管理工具，满足离岸市场投资需求，完善离岸人民币收益率曲线。2021年离岸市场共发行463只人民币债券，较2020年增加78只，总发行额2 957.5亿元，较2020年增长7.4%。

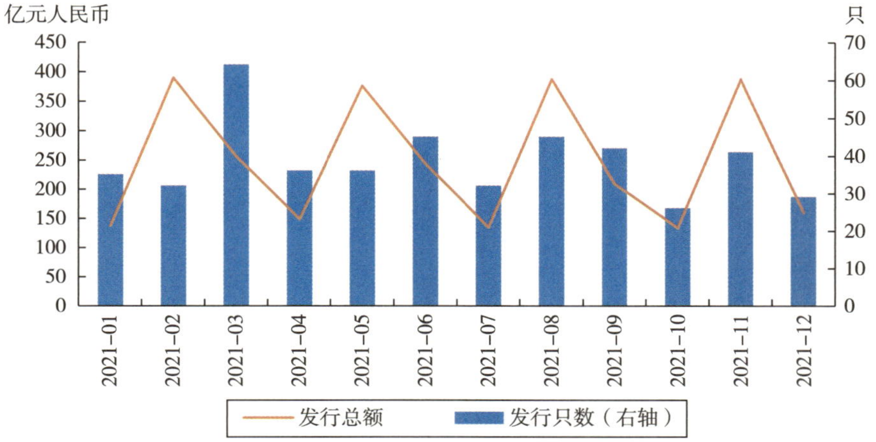

图6-12　2021年离岸人民币债券发行只数与发行金额

（资料来源：彭博）

（三）货币市场

2021年，离岸人民币货币市场利率总体上升。2021年末，香港银行间同业人民币拆借利率（CNH Hibor）隔夜、7天、3个月和1年期利率分别收于6.926%、2.5675%、2.9862%和3.1647%，较2020年末分别上升290个、下降39个、上升10个和上升9个基点。拆借利差方面，2021年，离岸对在岸拆借利率隔夜、7天、3个月和1年期的年平均溢价利差（Hibor–Shibor）分别为67个、63个、51个和29个基点，较2020年平均值分别收窄2个、扩大28个、扩大10个和收窄4个基点。

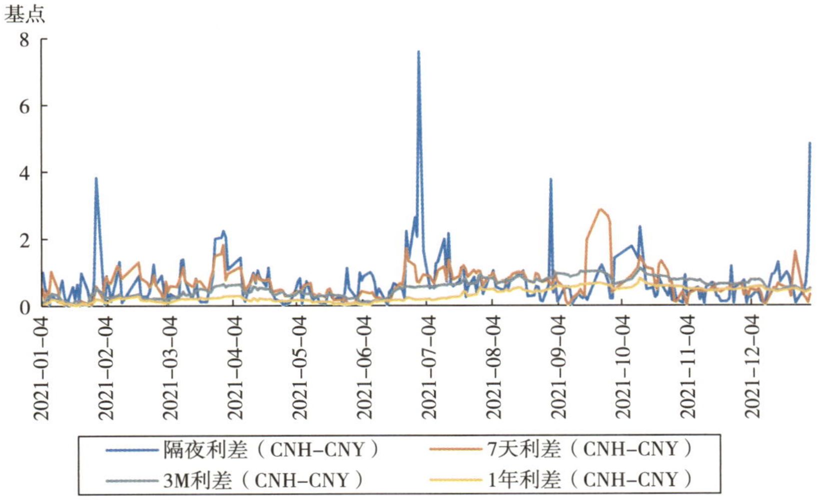

图6-13　2021年离岸与在岸人民币同业拆借利差

（资料来源：中国外汇交易中心、路透信息终端）

（四）离岸人民币存款

2021年，离岸市场人民币存款规模稳步增长。截至2021年末，香港地区人民币存款规模为9 268亿元，较上年同期增长28.4%；截至2021年末，台湾地区人民币存款规模为2 318.6亿元，较上年同期减少5.0%。2021年末，新加坡人民币存款规模为1 750亿元，较上年同期增长30.6%。

第七章

市场自律机制运行报告

- 市场利率定价自律工作进展
- 外汇市场自律工作进展

2021年，市场利率定价自律机制（以下简称利率自律机制）和外汇市场自律机制（以下简称外汇自律机制）扎实开展各项工作：优化存款利率自律管理；积极推动境内的国际基准利率改革；促进LPR改革持续释放红利；认真开展明示贷款年化利率工作；引导金融机构和企业坚持汇率风险中性理念；完善多层次培训体系，优化评估体系，推动行业自律文化的进一步完善。

一、市场利率定价自律工作进展

2021年，在人民银行统一部署和指导下，利率自律机制秘书处扎实开展各项工作，优化存款利率自律管理，稳定银行负债成本，下大力气维护存款市场竞争秩序。积极推动境内的国际基准利率改革，形成境内美元浮动利率贷款的推荐协议文本。履行好LPR指定发布人和利率自律机制双重职能，促进LPR改革持续释放红利，推动企业综合融资成本稳中有降。继续完善合格审慎评估办法，“以评促建”提升金融机构内外部定价能力。认真开展明示贷款年化利率工作，推动各类放贷主体或贷款展示平台落实人民银行2021年3号公告精神。高质量开展相关研究，不断积累治理经验，为金融管理部门制定相关政策和监管规则提供专业建议。

（一）优化存款利率自律管理，稳定银行负债成本

2021年6月21日，利率自律机制在人民银行指导下，将存款利率自律上限由存款基准利率浮动倍数改为加点确定。这有效消除了过去按存款基准利率浮动倍数确定上限而导致的杠杆效应。优化后，活期存款和1年期及以内短中期定期存款利率自律上限基本平稳，2年期及以上的长期定期存款利率自律上限有所降低，既保障了银行自主定价空间，又能有效约束个别银行的非理性竞争行为。货币政策执行报告数据显示，9月份新发生定期存款加权平均利率为2.21%，同比下降0.17个百分点，较存款利率自律上限优化前的5月下降0.28个百分点。其中，2年、3年和5年期定期存款利率较5月分别下降0.25个、0.43个和0.45个百分点。2021年12月，新发生3年期和5年期大额存单加权平均利率较5月分别下降0.51个和0.39个百分点，优化存款利率自律上限成效显著。

除此之外，利率自律机制在人民银行指导下，继续下大力气维护存款市场竞争秩序。一是会同省级自律机制继续密切监测所谓“创新”存款、地方法人银行异地存款、定价不规范存款等，对存在违规行为的银行及时在定价行为评估中予以扣分。二是关口前移，密切监测银行发行大额存单的实际余额，对接近备案额度的，做好提醒、避免超

限，用事前事中的监测预警来代替事后惩戒，彰显自律管理的主动作为。三是继续对结构性存款开展自律管理和监测分析。截至2021年末，结构性存款余额为5.3万亿元，同比下降1万亿元；全年加权平均预期收益率为3.12%，同比下降12个基点。

（二）国际基准利率转换取得实质性进展

从2021年底开始LIBOR将逐步分币种和期限停止报价或失去代表性。利率自律机制在人民银行指导下抓紧推动境内银行的国际基准利率转换工作，一是研究形成境内美元浮动利率贷款的推荐协议文本，分别适用于新签订参考美元伦敦银行间同业拆借利率（LIBOR）的合约、存量参考美元LIBOR的合约和新签订参考有担保隔夜融资利率（SOFR）的合约，于2021年6月1日发布在人民银行官网。各金融机构可参考该协议文本签订美元浮动利率贷款合约，也可结合实际情况，对推荐的协议文本内容进行适应性调整。二是组织LIBOR工作组研究芝加哥商品交易所（CME）SOFR期限利率授权协议，就其中的数据安全、法律风险等问题进行深入研究探讨。三是对国际基准利率改革及转换进展进行常态化密切跟踪研究，形成20余篇研究成果，为境内LIBOR转换工作提供储备参考。四是定期监测境内LIBOR敞口及推荐文本应用情况，并在2021年下半年进一步提高监测频率，密切跟进境内LIBOR转换进展及新基准利率应用情况。

（三）服务人民银行，持续释放LPR改革红利

一是履行好指定发布人和利率自律机制双重职能，有序组织LPR报价行开展报价，确保每月的LPR价格顺利发布。二是开展LPR报价行的报价质量考核，督促报价行基于发放的最优质贷款客户利率进行报价。依据考核结果调整LPR报价行。三是配合人民银行组织开展LPR改革两周年系列宣传。四是开展银行FTP等利率定价机制建设的调研，形成相关报告，持续推动机构构建与LPR改革相适应的内外部定价体系，助力疏通货币政策传导。

表7-1　最新LPR报价行名单

银行名称	银行名称
中国工商银行	中国农业银行
中国银行	中国建设银行
交通银行	中国邮政储蓄银行
招商银行	兴业银行

续表

银行名称	银行名称
上海浦东发展银行	中国民生银行
南京银行	台州银行
上海农村商业银行	广东顺德农村商业银行
深圳前海微众银行	浙江网商银行
花旗银行（中国）	渣打银行（中国）

资料来源：中国外汇交易中心。

（四）修订合格审慎评估办法，顺利开展各项评估

一是在人民银行指导下修订合格审慎评估办法，增加规范异地存款要求，优化竞争行为分值。评估办法经核心成员表决通过后开始实施。二是完成2021年度合格审慎评估，产生15家核心成员、1 574家基础成员和478家观察成员。三是完成2021年四个季度定价行为评估，支持人民银行宏观审慎评估（MPA）。

（五）深入推动明示贷款年化利率工作

一是推动各类放贷机构和展示贷款产品的互联网平台等深入落实人民银行2021年3号公告要求。截至2021年6月末，银行业金融机构已全部明示贷款年化利率，6 000多家放贷机构以及主要互联网金融平台也已基本完成明示工作。二是会同人民银行上海总部开展“明示贷款年化利率进校园”活动，加强学生金融知识科普教育，保障广大青年合法权益。三是深入开展调查研究工作，主要了解小贷公司、消费金融公司、汽车金融公司、互联网平台等非银机构在落实3号公告方面的难点和3号公告实施后取得的成效等。四是做好明示贷款年化利率的培训准备。

（六）高质量开展相关研究，为人民银行履职提供参考

对相关领域加强跟踪监测研究，围绕存/贷款利率、民间借贷、宏观经济运行、同业存款、同业/大额存单、国际基准利率改革、机构评估等主题，形成专题简报、快报或深度报告共计70余篇，不断积累治理经验，为金融管理部门制定相关政策和监管规则提供专业建议。

二、外汇市场自律工作进展

2021年，外汇市场自律机制在中国外汇市场指导委员会（CFXC）和相关监管部门

的指导以及各方的共同努力下，扎实开展“我为群众办实事”实践活动，紧紧围绕成员机构等市场主体所急所需，搭建同业平台，反馈行业声音，积极支持监管政策传导和落地，代表中国深度参与全球外汇市场治理，助力中国外汇市场改革与发展。截至2021年末，外汇自律机制共有成员机构605家，其中核心成员14家，基础成员42家，普通成员549家。

（一）围绕推动树立汇率风险中性理念，更好服务市场主体和实体经济

2021年，人民银行和外汇局将引导金融机构和企业坚持汇率风险中性理念作为重点工作。外汇自律机制在中国外汇市场指导委员会和相关业务司局指导下，面向成员机构与各省级自律机制开展动员部署，围绕这一重点工作开展宣传、评估、监测等各项自律工作，促进实体经济健康发展取得实效。一是形成宣导合力，金融机构与企业汇率风险中性理念不断增强。组织召开外汇自律机制会议，面向成员机构与省级自律机制深入解读汇率风险中性理念内涵与落实要求。指导成员机构与省级自律机制持续开展对客宣导，并通过“外汇市场自律机制”微信公众号持续开展专题宣传，发布专题文章、经验分享与案例等120余篇，阅读量达数十万人次，引导市场主体科学认识和管理汇率风险。2021年，企业利用远期、期权等外汇衍生产品来管理汇率风险的规模同比增长59%，企业套保率同比上升4.6个百分点，达到21.7%，显示企业汇率避险意识增强。二是辅导评估相结合，帮助银行建立长效机制。通过咨询辅导、评估等方式指导推动外汇自律机制成员机构将汇率风险中性理念宣贯纳入内部制度，建立起长效机制。三是推动互鉴共进，银行服务中小微企业汇率风险管理出新招、出实招。坚持问题导向，将提升中小微企业服务作为重点，引导推动银行创新完善产品服务，提升业务能力和对客服务水平。四是引导服务并重，银行进一步加强自身汇率风险中性理念建设和落地。指导银行深入理解汇率风险中性理念内涵以及宏微观层面的重要意义，并落实到日常操作中，防范过度赌单边和“炒汇”行为，维护银行自身以及整个市场的安全稳健运行。

（二）助力便利化政策落地，打通“最后一公里”

外汇自律机制围绕促进贸易投资便利化、进一步发挥服务实体经济作用等政策精神，组织开展展业规范修订、培训宣导、展业评估等工作，推动成员机构落实便利化政策取得实效。一是组织修订展业规范，打通政策落地的“最后一公里”。组织成员机构、专家等根据《关于进一步优化跨境人民币政策 支持稳外贸稳外资的通知》（银发

〔2020〕330号）等政策文件，完成了货物贸易、服务贸易、外商直接投资等八个业务条线的跨境人民币展业规范修订，为成员机构提供实操指导。二是组织开展培训与宣传，营造落实便利化政策的良好氛围与态势。组织召开全国层面的跨境人民币业务政策宣导暨培训会，并激励推动省级自律机制和成员机构做好转培训。此外，与《中国外汇》《中国货币市场》等杂志合作，围绕新发布跨境人民币展业规范开展专题宣传；与《中国外汇》合作开展"自律五周年"外汇和跨境人民币展业知识竞赛，共计30余万人参与竞赛，实现以竞赛促培训、促业务的目的，达到了良好的宣传效果。三是开展展业评估，引导机构建立推动便利化政策落实的长效机制。以便利化政策的制度内化及落实为重点指标开展年度展业评估，指导推动机构将便利化政策要求纳入内部制度与流程，完善内部监督与激励考核机制，持续做好落实。

（三）完善多层次培训体系，增强成员自律意识

2021年，外汇自律机制不断充实完善培训体系与内容，目前已建立起外部专项培训与机构内部持续培训相结合、覆盖外汇交易前中后台人员的准则培训体系，并通过微信公众号平台发布市场专家准则落实经验分享视频、准则小课堂动画等基础和进阶培训资源。2021年以来开展准则专场培训20余期，覆盖外汇交易前后台相关人员，共有1 200余人次参与培训，系统性学习了解准则内容与要点。

（四）凝聚合力开展宣传，厚植行业自律文化

2021年，持续深耕"外汇市场自律机制"微信公众号宣传平台，不断结合实际需要优化调整栏目设置，继续与《中国外汇》《中国货币市场》等杂志合作开展专题宣传，还开展了知识竞赛等活动增强宣传效果。2021年以来围绕汇率风险中性、服务中小微企业汇率风险管理、便利化政策落实等主题，公众号发布各类文章300余篇，杂志发布文章10余篇，行业整体参与度与关注度显著提升。

另外，与省级自律机制形成合力推进准则宣传推广，扩大了准则推广的覆盖面和推广力度。

（五）优化评估体系，成员内控提升见实效

2021年，外汇自律机制持续扎实开展季度、年度与全面评估，除常规的准则和展业评估外，2021年按季开展风险中性评估，重实质、重实效，通过指标解读、咨询辅导、介绍具体落实经验等，推动成员机构将政策要求与自律规范落细落实，并结合机构实际

提供可行建议，帮助成员机构不断完善内控，搭建起自律、规范运营的长效机制。

（六）开展自律管理，发挥同业监督约束作用

2021年，外汇自律机制继续做好自律管理工作，妥善处理相关投诉及疑似线索，并形成良好实践供成员机构参考；另外，持续跟进国际国内市场动态，整理形成外汇市场违规案例材料及警示简报，发挥预警和防范作用。

（七）坚定服务为本，构建共建共享平台

2021年，外汇自律机制充分发挥平台作用，为成员机构共同探讨与解决问题、推动业务发展与创新搭建良好的互动机制。年内成员机构借助自律平台围绕落实汇率风险中性理念、服务支持中小微企业汇率风险管理、推动便利化政策落地、外汇产品与业务模式的创新优化以及自律规范在实操层面的落实落细等充分开展讨论和经验分享，形成互学互促、共同提升的良性互动，共同推动形成公平竞争、良币驱逐劣币的良好市场环境。省级自律机制的平台作用也进一步增强，不断完善政策咨询相关工作机制，切实发挥成员机构之间答疑解惑、监管部门开展政策解读传导的自律平台作用，并且自律平台成为当地开展行业重要活动的首选。

（八）评估调研并举，做好监管与市场沟通桥梁

2021年，外汇自律机制持续发挥好传导监管政策要求、传递市场需求建议的沟通桥梁作用。在助力监管做好政策宣导的同时，自律评估结果为人民银行宏观审慎评估（MPA）考核、外汇局合规与审慎经营评估、外汇市场做市商考核等监管考核提供支持，形成合力。同时，面向成员机构、省级机制，就推动树立风险中性理念、落实便利化政策、落实自律规范等工作的进展、困难、问题与建议等，以实地走访、线上座谈会、电话访谈等形式广泛开展调研，了解成员机构需求，梳理总结经验、案例等，提出针对性的措施建议，向监管机构反馈市场声音。

（九）国际交流借鉴，深入参与全球外汇市场治理

中国外汇市场指导委员会作为全球外汇市场委员会（GFXC）的创始成员，代表中国参与国际规则制定及全球外汇市场治理，用好GFXC平台，讲好中国故事，宣传中国发展成就，分享中国经验和中国方案，同时学习借鉴国际良好经验，推动国内市场改革与发展。2021年以来，中国方面积极参与《全球外汇市场准则》修订，配合全球准则修

订版发布做好全球准则的中文翻译和推广，并完成《中国外汇市场准则》的修订。为推动新准则落地，讨论形成中国市场信息披露和遵守准则承诺声明重检的工作方案，积极推动中国市场主要机构作为全球首批机构开展信息披露，并做好中国外汇交易中心公共登记系统更新等准备工作。积极利用GFXC平台分享中国市场情况和中国经验，开展国际交流，并通过国际市场及监管情况的跟踪研究，为国内市场相关实践提供借鉴与参考。

表7–2　外汇自律机制发布的规章制度

发布日期	规章制度名称
外汇市场自律规范	
2016–10–11	《银行外汇业务展业公约》 《银行外汇业务展业原则之总则》 《银行外汇业务展业原则之货物贸易外汇业务展业规范》（已被修订） 《银行外汇业务展业原则之服务贸易外汇业务展业规范》（已被修订） 《银行外汇业务展业原则之国际贸易融资类外汇业务展业规范》（已被修订） 《银行外汇业务展业原则之境外直接投资外汇业务展业规范》（已被修订）
2017–08–15	《人民币兑美元汇率中间价报价行中间价报价自律规范》
2018–01–24	《中国外汇市场准则》（已被修订）
2018–01–31	《银行外汇业务展业原则之个人外汇业务展业规范》 《银行外汇业务展业原则之境内企业境外放款外汇业务展业规范》 《银行外汇业务展业原则之境内直接投资外汇业务展业规范》 《银行外汇业务展业原则之跨境担保外汇业务展业规范》 《银行外汇业务展业原则之人民币与外汇衍生产品业务展业规范》 《银行外汇业务展业原则之外债业务展业规范》 《银行外汇业务展业原则之银行境外贷款外汇业务展业规范》 《银行外汇业务展业原则之货物贸易外汇业务展业规范》（修订版） 《银行外汇业务展业原则之服务贸易外汇业务展业规范》（修订版） 《银行外汇业务展业原则之国际贸易融资类外汇业务展业规范》（修订版） 《银行外汇业务展业原则之境外直接投资外汇业务展业规范》（修订版）
2018–08–06	《银行跨境人民币业务展业规范》（已被修订）
2018–10–16	《银行经常项目跨境人民币业务操作指引》（已并入《银行跨境人民币业务展业规范（2021年版）》） 《银行资本项目跨境人民币业务操作指引》（已并入《银行跨境人民币业务展业规范（2021年版）》）
2021–06–15	《银行跨境人民币业务展业规范（2021年版）之货物贸易展业规范》 《银行跨境人民币业务展业规范（2021年版）之服务贸易及其他经常项目展业规范》 《银行跨境人民币业务展业规范（2021年版）之外商直接投资展业规范》 《银行跨境人民币业务展业规范（2021年版）之境外直接投资展业规范》 《银行跨境人民币业务展业规范（2021年版）之境内企业境外放款展业规范》 《银行跨境人民币业务展业规范（2021年版）之跨境双向人民币资金池展业规范》 《银行跨境人民币业务展业规范（2021年版）之跨境融资展业规范》 《银行跨境人民币业务展业规范（2021年版）之金融市场及其他业务展业规范》

续表

发布日期	规章制度名称
2022-01-12	《中国外汇市场准则（2021年版）》
外汇自律机制工作制度	
2016-09-29	《外汇市场自律机制工作指引》（已被修订）
2017-05-05	《省级外汇市场自律机制外汇业务展业工作指引》
2017-05-17	《银行间外汇市场（批发市场）交易规范专家组工作章程》
2018-01-24	《外汇市场自律机制培训工作规划》 《外汇市场自律机制第三方培训机构遴选程序》 《外汇市场自律机制培训讲师团建立程序》
2018-01-24	《全国外汇市场自律机制成员自律行为评估办法》（已被修订）
2018-01-26	《外汇市场自律机制宣传工作指引》
2018-01-26	《外汇市场自律机制国际交流工作指引》
2019-03-15	《外汇市场自律机制纠纷解决工作指引》
2019-03-18	《外汇市场自律机制工作指引（2018年版）》
2019-03-18	《外汇市场自律机制自律管理措施工作指引》（已被修订）
2019-03-18	《全国外汇市场自律机制自律公约》
2020-05-14	《全国外汇市场自律机制成员自律行为评估办法》（修订版）
2020-05-14	《外汇市场自律机制自律管理措施指引》（修订版）
2020-05-14	《外汇市场自律机制风险信息共享工作指引》

资料来源：中国外汇交易中心整理。

第八章

交易基础设施建设报告

- 外汇交易系统建设
- 本币交易系统建设
- 交易基础设施运维
- 核心技术能力建设
- 金融科技发展创新
- 交易后业务运行

2021年，交易中心继续加强系统建设与运维质量管理，夯实外汇交易系统基础；完成新一代本币交易系统更新换代；保障系统安全稳定运行；提升数据中心治理能力，推进数据中心建设改造；完善安全防护体系；实施信创架构测试与改造，推动运维数字化转型；交易后业务稳步发展。

一、外汇交易系统建设

（一）系统建设情况

1. 精益求精锤炼核心系统性能

2021年外汇交易系统继续夯实基础，提升整体性能。C-Trade交易模块完成通讯层改造，进一步提升行情推送能力。NTPII交易模块全链路撮合性能通过技术攻关，达到国内领先水平。

2. 持续提升灾备应急水平

开展交易系统应急内部演练，不断优化应急流程，提升系统响应速度，从系统切换操作、应急流程及多部门协作等几个方面深挖快速处置潜力，为其他系统模块相关应急提升积累了经验，有助于进一步提升灾备应急水平。

3. 继续丰富与深化 iDeal 外汇生态建设

不断增加iDeal功能，在交易端引入智能机器人，推出事前审批插件；在行情端，扩大产品序列，支持所有市场各种模式下的深度行情展示，并配套推出智能盯盘和提醒；在服务端，新增应急服务模块、本方订单明细下载模块和交易日历查询，持续丰富iDeal用户体验。

（二）系统运行效果

截至2021年末，外汇交易系统覆盖人民币外汇市场764家机构、外币对市场239家机构和外币利率市场623家机构，提供行情基准、报价交易、接口报文、即时通讯、视频媒体服务。2021年外汇各类市场通过系统达成交易共计近700万笔。外汇iDeal参与机构与用户数量、市场成交量、业务支持度等方面相比上年同期均有较大增长，存量用户数同比增长19%，存量机构数同比增长6%，外币回购市场通过iDeal聊天达成交易的占比达到90%。

二、本币交易系统建设

新一代银行间本币交易平台CIBMTS（以下简称本币新平台）于2021年完成了新老系统更替、数据中心搬迁等重要工作，持续优化、升级银行间本币市场金融基础设施。

（一）系统建设情况

1. 完成本币新平台全部市场的建设，老平台正式下线

2021年7月，本币新平台将信用拆借、质押式回购撮合、买断式回购询价、同业存款、利率期权、信用违约互换等本币剩余所有市场迁移至新平台，新、老平台并行一个月后，本币老平台于2021年8月下线关机，标志着服务银行间本币市场12年的基础设施完成使命，银行间本币市场基础设施成功完成更新换代：一是本币新平台采用了分布式服务架构，奠定了银行间市场开放式平台的基础；二是本币新平台提供本币全序列产品的交易服务，创新式提供带授信额度的高速双边撮合交易模式，从交易性能到用户体验都有了大幅提升；三是本币新平台提供了全流程高性能交易接口，解决了银行间市场会员事前风控的交易痛点，为推广程序化交易创造了条件；2021年10月本币新平台将数据中心搬迁至新机房，在供电、容灾等方面再提升一个台阶。

2. 以本币新平台为基础，推进本币市场各系统整合

在建设本币新平台的同时，启动了本币市场系统规划与整合，计划在两年内面向会员服务的30多个系统分批、分步整合至本币新平台，2021年共有货债发行等24个系统相继完成了整合：一是通过本币新平台一个客户端向本币市场所有成员提供不同维度的系统服务，实现了本币成员“一个终端、统一服务”的用户体验目标；二是被整合的系统相继下线，节省了大量服务器资源，实现系统建设的绿色高质量发展；三是随着系统数量的减少，降低了系统间通信复杂度，大大减少了本币市场系统间耦合，本币系统升级的风险和成本得以有效控制。

3. 重点推进开放式平台建设，初步建成银行间开放生态

为了推进与市场成员“共享、共建”银行间本币市场基础设施，进一步开放客户端平台和互联网接入，大量对接成员机构内部系统，将银行间基础设施从封闭系统初步建成了开放式的平台生态：一是正式推出X-Bridge客户端接口，与机构内部系统对接实现事前风险控制功能；二是全面优化接口设计，从插件定制终端改进为客户端HTTP消息过滤模式，规避插件可篡改风险，提高安全性；三是扩展机构端接口开放性，支持机构个

性化消息需求，提升兼容性，降低机构开发成本；四是在完善安全防控的前提下进一步放开互联网接入，在2021年中心安全渗透测试中，本币新平台表现良好，连续9个版本无高中危漏洞。

（二）系统运行效果

本币新平台为境内外共计42 321家（个）银行间市场成员提供全面的回购及衍生品市场行情、报价、交易及接口服务。

1. 支持超过 20 个业务品种下多种交易机制高效运行

新本币平台支持货币、债券、衍生品市场各产品、一级发行业务、做市支持业务、债券通“南向通”“北向通”业务等超过20个业务品种，在询价、协商、做市、撮合、拍卖等不同交易机制下的业务开展，2021年系统全品种成交量环比增长3%。其中，创新X系列交易机制覆盖回购、现券买卖、债券借贷、利率互换、标债等主要交易品种，RFQ交易机制支持回购、现券买卖、利率互换等品种，X-Auction、X-Bargain等机制服务特定流动性层级交易品种，构建了多层次交易服务体系。

2. 市场报价交易的自动化程度显著提升

一是接口服务机构家数不断增加。2021年末，共有369家机构开通电子化交易接口服务，较上年增加81家。二是在现券买卖、利率互换等品种上，交易自动化程度进一步提高，推动X-Bond、X-Swap等报价活跃度和流动性提升，接口报价占比上升至80%以上。电子化交易接口的运用推升了银行间市场交易质量，助推参与者交易策略的持续丰富及交易效率的提升。

三、交易基础设施运维

2021年，交易中心坚持稳中求进总基调，在保障安全生产的基础上，提升数据中心治理能力，推进数据中心建设改造，完善安全防护体系，实施信创架构测试与改造，推动基础设施运行和维护（以下简称运维）数字化转型。

（一）持续提升数据中心治理能力

完成数据中心运维“十四五”规划。系统总结过去五年取得的成绩，剖析“十四五”时期面临的形势和挑战，明确“十四五”时期数据中心运营“以确保安全生产为底线，以促进业务发展为导向，以提升治理能力为重点，以坚持科技创新为动能”，致力于生态集约化、平台精益化和安全自主化，赋能数据生产要素价值挖掘，提升交易中心核心竞争力。

深度参与金融标准建设。作为牵头单位参与《金融业数据中心能力建设指引》《金融业信息基础设施运行指标体系》两项标准的编制工作。

加强数据中心基础设施资源精益化管理。结合云计算理念和交易中心实际，设计应用系统建设基础设施成本模型，从数据中心资源、网络资源、计算资源、存储资源、运维系统资源等角度计量应用系统建设成本，提升精益化运营水平。

（二）稳步推进数据中心建设改造

平稳完成新数据中心搬迁。搬迁项目涉及数十个应用系统、上千条外联单位线路及会员专线，科学统筹将搬迁影响降至最低，完成相关IT基础设施、防火墙策略、监控策略平滑迁移，生产中心整体平稳搬迁至新数据中心，全面提升基础设施抗风险能力。推进多中心骨干网络建设，对接人民银行“三集中”战略部署，完成同城灾备、南方中心机房租赁工作，为未来多活数据中心提供可靠的基础设施。

（三）全面完善安全防护体系

坚持安全与发展并重，夯实安全防护能力。制定信息安全顶层规划和实施方案，持续完善常态化网络安全防护体系。结合交易中心网络分区规划，不断增强交易中心安全防护能力、可用性和信创兼容性。

推进安全工作前移和应用安全质量内建。依托事前方案安全评审和上线前安全检测、事中生产安全监控、事后安全问题跟踪机制防范风险。完成国产代码扫描和应用组件安全管理自服务工具建设，推进安全控制措施前移。

以实战检验安全防护能力。通过安全培训增强员工安全意识，通过内部攻防演练锻炼队伍，通过信息安全咨询、安全评估等提升系统安全性。参加人民银行攻防演练，实现交易中心自身网络零侵入。高标准严要求，顺利完成建党100周年网络安全保障工作。

（四）稳妥实施信创架构测试与改造

开展信创研究测试工作。完成ARM、X86指令集架构相关信创CPU、服务器及操作系统兼容性测试。积极推进信创网络研究建设，完成负载均衡器、交换机等信创产品测试，探索实现异构拟态安全，提升关键设备应急水平。开展信创改造实践，完成内部邮箱系统、运维流程自动化系统信创改造项目，积累信创产品实践经验。

（五）有序推动运维数字化转型

科学规划运维管理平台，推动运维数字化转型。自主研发外汇交易系统C-Trade模块灾备一键切换工具，切换时间缩短90%，基本达到《中国人民银行信息系统业务连续性分级保障标准》L5级系统RTO要求，有效保障业务连续性，并顺利通过人民银行突击切换演练考验。

进一步推广应用系统自动化发布工具。2021年，交易中心自建应用系统已全部实现自动化部署，全年累计完成变更自动化发布300余次，全面降低发布操作风险，实现提质增效。

四、核心技术能力建设

（一）深化同城双活技术攻关

为提升核心系统业务连续性水平，交易中心持续深化同城双活技术攻关研究，形成同城双活完整参考架构，填补了交易中心在该技术领域的空白。在技术架构上，项目变革了沿用多年的单体架构，攻克了跨数据中心服务发现、分布式仲裁、消息全排序引擎、业务流量动态监控与实时分流等技术难点，为交易中心本外币多种交易模式的分布式运营及快速应急提供技术支撑。

（二）推进交易性能攻关成果落地

为推进外汇交易系统提能增效，交易中心继续推进自主技术攻关，真刀实枪地对系统“骨架”进行大幅修改和优化。其中基于全链路交易性能优化成果，实现核心撮合与私有行情发布性能跨越式提升，获得人民银行2020年度金融科技发展二等奖。项目组在精简核心进程、缩短交易数据链路、采用无锁队列等措施的基础上，进一步分析理解撮合交易核心逻辑特点，创新研究了“O（1）复杂度订单簿”等技术，为外汇交易系统进一步迭代演进夯实基础。

（三）研制高性能通讯中间件

通讯延时是影响电子交易系统处理性能的核心因素之一，交易中心以问题为导向，通过引进高性能可靠UDP单播通讯和先进二进制编码技术，重构底层数据传输流程，研发高性能通讯中间件，经交易中心金融实验室落地验证性能提升50余倍，为后续对交易系统改造、提升交易全流程性能提供重要保障。

（四）优化终端开放框架原型

为贯彻以人民为中心的发展思想，优化会员用户体验，交易中心针对终端框架核心技术开展了一系列攻关和优化。在性能方面，有效降低终端内存占用和界面渲染时间；在安全方面，基于沙盒技术有效阻断单个插件故障对终端整体影响；在升级体验上，实现模块化插件级别的按需安装和更新，避免强制升级。终端持续演进助力可组装式的终端产品，为丰富银行间市场服务生态、从“上单个菜”变为“上一桌子菜”提供新型技术解决方案。

（五）研发数据库中间件（一期）

为满足分布式系统对于数据存储的需求，中汇公司开展了适用于金融业务场景的数据库中间件（FinDB）的一期研发工作。FinDB针对中心系统的使用特点和接口等进行了适配，并在分布式特性、稳定性、监控、部署等方面进行了针对性增强，为后续系统的同城双活、异地多活等场景提供关键支撑。FinDB现已通过中国信息通信研究院的数据库信创产品测评，完成与海光、麒麟等信创厂商的互认证，并成功应用于中国货币网。

（六）高性能并行化撮合技术攻关

为了解决撮合引擎单线程处理带来的性能瓶颈，中汇公司参考CPU的流水线指令处理架构，开展了撮合引擎并行化的攻关研究。一是通过对撮合引擎执行过程进行CPU指令级和操作系统级的性能分析和测定，对订单处理过程进行阶段划分，计算出了处理过程的并行加速比理论上限；二是对处理流程进行代码拆分，利用多核处理器的并行指令进行反复调优，达到了加速比理论上限。实验结果表明，在延迟基本不变的情况下，撮合引擎性能较串行处理得到了较大的提升。该研究还完成了国产硬件的适配工作，为后续信创工作的开展提供支撑。

五、金融科技发展创新

（一）图交易网络建模研究

为探索数据赋能业务，交易中心聚焦银行间市场交易网络的特征，引入复杂网络分析方法，通过引入中心性、传播效率等指标，多维度刻画市场参与主体的交易行为；通过计算各机构的风险传导度识别系统性重要机构；通过网络流向图、流动桑基图等可交互效果充分展示不同机构的行为特点。该研究获得多个奖项，其应用将有助于挖掘市场交易特点，提升市场活力，防范交易风险。

（二）交易质量分析研究

交易质量分析（TPA）以国际市场成熟的交易成本分析（TCA）为研究起点，结合银行间市场特点，客制化构建多种量化度量指标，从价格、成本、时间、机会等维度“让数据说话”，不仅实现了多视角、细粒度的交易复盘，还为交易决策与价格发现提供了数据模型支撑，进一步探索数据支撑交易。

（三）零信任终端研究

随着交易中心业务双向开放以及终端开放新业态涌现，市场成员接入主体和方式更加多元化，网络安全面临更多挑战。金融科技实验室启动中心统一终端和网关“零信任”方案设计与改造，从“被动防御”向“主动防御”演进。通过单包授权、终端环境感知等前沿安全技术与中心本外币访问控制架构深度集成，成功将安全防护前移至用户访问层，构建“以身份为中心，动态访问控制，持续信任度量”的多源信任评估体系。

（四）区块链相关技术应用研究

通过对区块链技术的评估比较，引入区块链底层平台，并在交易后的结算账户（SSI）项目中进行使用。对业界常见的可信执行环境、隐私计算、联邦学习等技术进行评测，拟在中小微企业增信的区块链原型系统中进行试用。

（五）多项技术标准和专利获批

2021年交易中心在国际和国内标准研制上取得较大进展。一是交易中心浮动利率上下限提交至ISO 20022外汇中间价报文标准中并得到采纳，填补了ISO 20022在外汇中间价浮动率定义上的空白，为ISO 2002标准作出重要贡献；二是完成国际标准《金融服务中参考数据分发技术规范》（TR）的研制并待发布；三是完善了中国金融业通用报文库平台的功能，实现我国银行间市场关键业务领域报文注册入库的试点工作，以及清算指令等符合ISO 20022标准的报文开发工作；四是完成了国家标准《金融服务　金融业通用报文方案》的发布与宣贯工作。中汇公司2021年申请42项发明专利，获得5项发明专利授权，申请18项软件著作权。

六、交易后业务运行

（一）交易确认业务

交易确认市场份额保持增长。2021年，外汇市场交易确认市场份额同比增加11个百分点至86.8%，外汇市场交易确认业务量31.2万亿美元（299.9万笔）、利率互换交易确认业务量19.8万亿元（23.4万笔）、黄金询价交易确认业务量3万亿元（1.4万笔）、人民币利率期权交易确认业务量787.7亿元（440笔）、CDS交易确认业务量37亿元（66笔），均较上年明显提升。报文匹配业务继续发展，共处理55.7万笔SWIFT报文，同比增长45.4%。

交易确认业务参与机构数量持续扩展。2021年，交易确认业务新增94家利率互换/期权（共666家）、5家CDS（共45家）、49家外汇（共172家）交易确认及9家报文匹配（共40家）参与机构。

扩展接口应用提高业务处理效率。新增20家（共68家）机构开通交易确认接口、22家机构扩大接口业务处理范围。全年通过交易确认接口处理431万笔交易，同比增长49%，超过94%的交易确认业务实现接口自动化确认。

（二）冲销与风险计算业务

利率互换交易冲销规模续创历史新高。交易冲销有效地活跃了银行间衍生品市场，助力金融机构防范化解风险；2021年，冲销参与机构已达342家，完成15轮多边、233轮双边利率互换冲销，提前终止交易13.96万笔（单边计）、名义本金7.04万亿元，同比分别增长55%和37%。

外汇衍生品冲销业务取得新进展。开展净额清算的外汇掉期冲销，实现了外汇掉期冲销合约范围的全覆盖；本年度完成5轮外汇衍生品冲销，提前终止名义本金10.5亿美元。持续拓展重置风险管理和组合对账服务。有序开展重置风险管理服务，完成名义本金316亿元；组合对账参与机构已达94家，累计核对存续合约277万笔。

（三）同步交收业务

同步交收业务稳步发展。2021年，共完成632笔人民币对卢布同步交收，计129.69亿卢布，处理笔数占人民币对卢布市场交易笔数的56%，同比增长166%，较好支持了中俄双边本币结算。同时，同步交收货币进一步扩展至人民币对印度尼西亚卢比。此外还推出了美元、欧元拆借交易直通处理业务，扩大了外币回购指令待收发业务范围。

（四）推进落实交易后标准体系

完善标准体系和推进标准接轨。新增双边交易确认等两项标准。参照ISO 20022报文标准完成交易后标准更新，修订交易后业务技术规范并报送全国金融标准化技术委员会。

加强设施建设和推动标准落地。完成交易中心有关业务规则和系统调整，便利标准落地实施。推动银行间市场成员优化内部操作规程、岗位人员配置和系统建设，将标准融入后台制度体系和日常业务运营，修订交易后培训教材。与全国外汇市场自律机制秘书处联合完成5期后台人员外汇市场准则专项培训，落实外汇市场准则，宣传和推进外汇市场交易确认标准体系建设。

专栏8.1

区块链技术在交易后业务中的应用

区块链技术是一种新型的分布式数据库技术，也称为分布式账本，是利用块链式结构验证与存储数据，采用共识算法生成和更新数据，借助密码学保证数据和权属安全，并通过可编程脚本代码（智能合约）实现数据的协同计算。

2021年，交易中心为提升结算账户信息管理效率，启动了区块链外汇结算账户管理项目。基于区块链的结算账户管理是对现有外汇交易系统结算账户管理模块的补充，是在外汇市场结算账户管理领域的创新技术尝试。该项目支持参与机构采用自建账本或依托交易中心账本模式，基于区块链技术维护、修改本机构结算账户信息，并实现区块链节点和外汇交易系统结算账户管理模块的数据同步。

第九章
数据信息服务

- CFETS数据挖掘产品服务
- 债券基准服务
- 利率互换基准服务
- 对外接口服务
- 数据中台共享服务

为满足市场成员、监管部门、社会公众对银行间市场数据的多样化需求，交易中心不断推动数据信息服务创新，陆续推出了数据挖掘产品、债券基准服务、利率互换基准服务等多种类型的数据信息服务，覆盖银行间债券市场、货币市场、外汇市场和衍生品市场，服务机构交易前台、中台、后台。

一、CFETS数据挖掘产品服务

（一）概述

CFETS数据挖掘产品（以下简称iData）经过业务、技术的不断创新与积累，于2021年初完成产品整合升级。2021年7月iData登录CFETS即时通讯工具（以下简称iDeal）工作台，共同构建交易中心交易全流程服务新生态。

iData覆盖货币、债券、外汇三大市场的现券买卖、质押式回购、买断式回购、信用拆借、同业存单、利率互换、债券借贷、外汇掉期、外汇期权以及外币拆借十个交易品种，包含超过七十个数据分析模块。iData依托准确、及时的银行间数据资源，通过应用大数据等先进技术手段，将银行间市场不同类型机构与本外币市场交易数据联动分析，为用户在分析市场运行情况、研究同业交易行为、评估本方交易表现、捕捉产品全生命周期异动等方面提供可视化、定制化的盘中、盘后交易分析功能，辅助用户制定交易策略，分析预判市场走势、洞察市场机会。

iData分为基础产品和深度产品，主要通过iDeal工作台提供数据查询展示服务。此外，iData基础产品同时支持用户通过文件下载系统（iFTP）接口自动获取相关文件导入用户内部系统，从而实现文件直通式处理。

2021年，iData丰富完善了货币市场历史交易回溯、同业存单一级发行、债券市场联动分析等多个功能模块，推出了本方产品自定义打包、查询条件一键设置等系统便利性功能，进一步提升了系统的数据分析能力。

下面分市场简要介绍iData主要功能及新增功能。

（二）iData货币市场基础产品

货币市场基础产品以分析银行间市场各机构类型日间资金流向的量价为着力点，于每个交易日收盘后，提供信用拆借市场、质押式回购市场、买断式回购市场日、月、季及年度交易情况报告。报告提供各类型交易机构、按照交易方向、期限品种和质押券类型（如有）多个维度交叉统计的盘后交易分类数据，包括交易价格、剔除异常值后的交易价格、交易金额以及净融入（拆入）价格、未到期余额等。

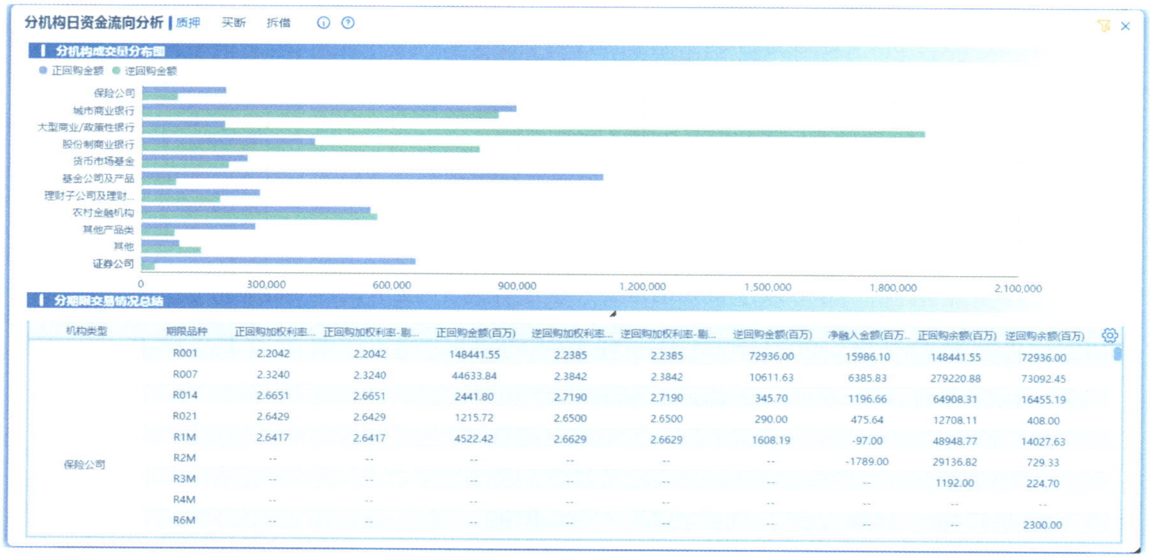

图9-1　货币市场基础产品功能

（三）iData货币市场深度产品

货币市场深度产品涵盖质押式回购市场、买断式回购市场、信用拆借市场和同业存单市场。

质押式回购/买断式回购/信用拆借市场深度产品着重通过可视化图表呈现每家机构的盘中交易和历史交易分析，不仅为机构动态了解市场资金变化提供实时数据参考，也为机构回溯历史交易表现提供精准的衡量工具，有助于用户定位交易问题并优化交易策略。

同业存单市场深度产品重点对同业存单市场的一级发行和二级成交情况进行多维剖析，为机构同业存单发行定价、优化发行策略，分析二级市场量价变化和各机构类型买卖力量变化提供数据参考。

下面重点介绍质押式回购、同业存单市场。

1. 质押式回购市场功能

（1）盘中分析

提供质押式回购交易按照交易方向、期限品种每10分钟实时更新的各机构类型最新成交价、加权平均价走势，以及各机构类型盘中一天两次更新的资金流入、流出金额分析，帮助机构及时了解资金交易动态以及市场交易情绪。

2021年，新增货币市场与交易对手量价实时统计，提供质押式回购市场不同期限品种与各交易对手实时资金交易的量价统计指标，为与同类型机构资金交易定价提供实时参考。此外，新推出成交利率分档位统计，该功能盘中一天两次更新各机构类型、不同期限资金交易的价格档位，帮助机构了解资金交易的价格分布和波动区间。

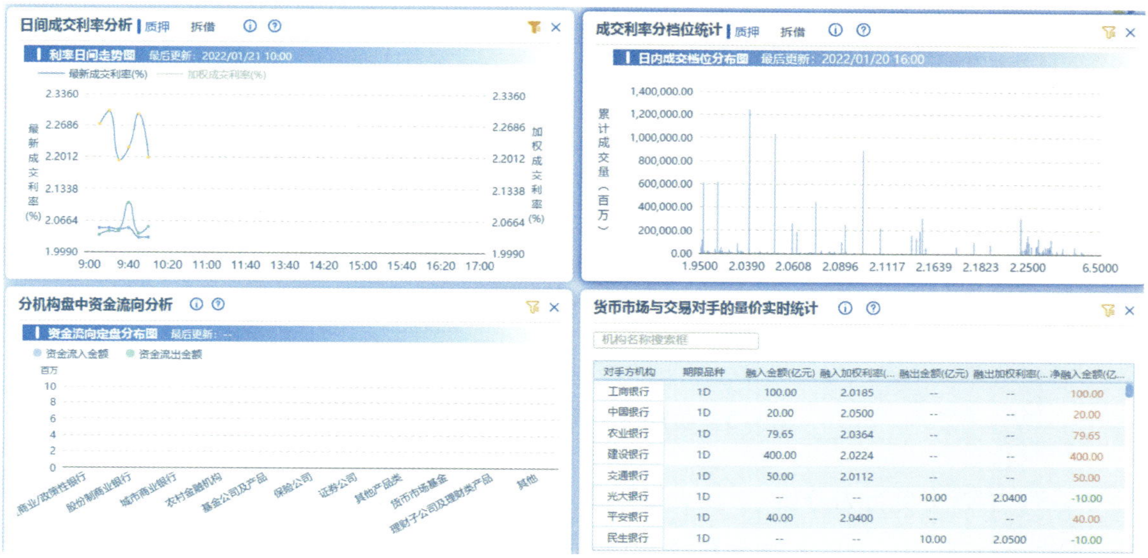

图9-2　质押式回购盘中分析功能

（2）历史交易回溯

在现有的分机构日资金交易流向分析和存量余额分析的基础上，2021年新增地区间资金流向分析、质押物欢迎度分析，以及资金流向的时序分析，为深度分析质押式回购市场历史交易情况提供多维分析工具。

分机构日资金交易流向分析提供各机构类型、不同交易方向、不同期限品种质押式回购成交价格、资金融入融出金额的截面数据分析。

存量资金余额分析提供各类型机构、不同期限品种、交易方向下质押式回购未到期余额情况，辅助用户分析机构加杠杆情况和市场资金松紧程度。

2021年新增的质押式回购地区间资金流向分析，是以省级行政区域为单位，按照不同交易方向以及期限品种统计各地区货币市场的融入量和融出量，呈现地区间资金需求差异。新增的质押物欢迎度分析，主要为客观衡量不同评级债券在质押式回购市场的融资能力，提供银行和非银两类机构正回购质押不同评级债券的交易金额和交易笔数排序，该工具也为机构了解低评级债券的融资能力提供了精确的比较工具。

图9-3　质押式回购历史交易分析功能

（3）本方交易行为分析

该功能通过图表直观呈现本机构与比较类型机构交易表现差异，辅助机构分析改善交易策略。

以图9-4为例，机构通过该图可了解到，本机构在统计期间，其融资成本低于全市场同期限平均融资成本，与同类型其他机构相比基本相当，但在年末一周较同类型机构平均高出1.99个基点。

2021年，新增本方成交量分析功能，根据用户所选时间段统计本方交易量在同类机构类型中的交易金额及其所在分位数，帮助机构及时了解本方交易量所处水平。根据图9-4，本机构在2021年12月R007融入总量分位数为73%。

此外，包括货币市场在内iData全产品序列2021年新增本方产品户自定义打包功能，便利机构快速了解本方管理的不同产品户或产品组合的交易表现。

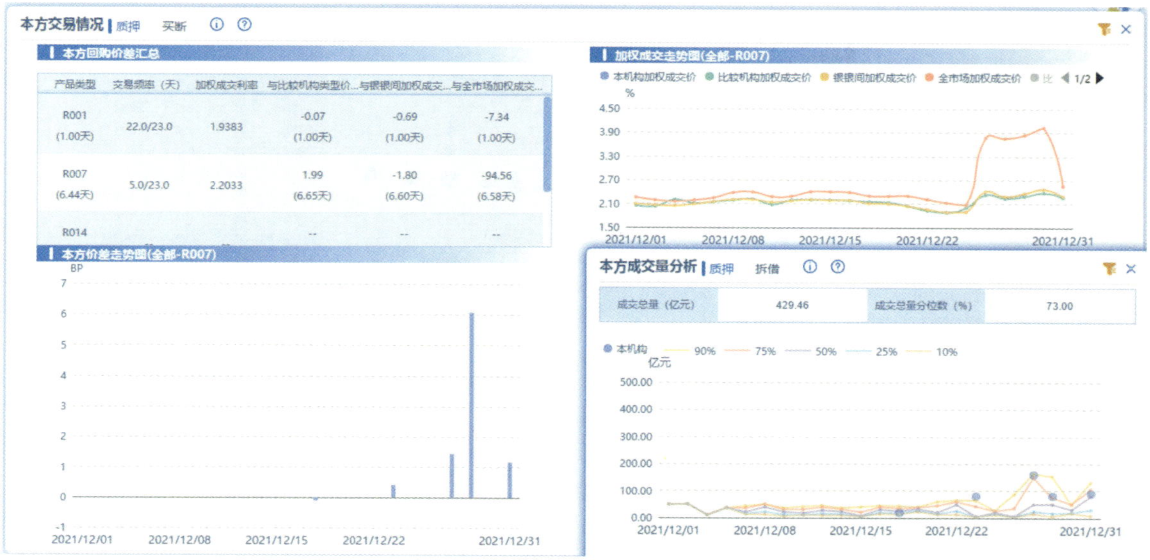

图9–4 质押式回购本方交易分析功能

2. 同业存单市场功能

2021年，同业存单市场在已有一级发行概况和认购分析、二级市场交易量价分析的基础上，新增多个深度分析功能。

一是推出同业存单发行存量分析工具，提供存量存单的发行利率、发行金额，以及同业存单发行额度使用率的时间序列分析，便于对同业存单发行存量开展趋势性回顾分析。

二是推出同业存单二级市场成交价格分析，展示指定发行人在某一交易日分不同待偿期的二级市场成交及估值价格，为机构开展同业存单一二级跨市场定价提供参考。

三是新增本方认购及投资分析，提供本方发行人在某一交易日已成功发行的各个同业存单排名前三的认购人与投资人类型及占比分布，便于发行人掌握投资人情况，为后续同业存单发行提供数据参考。

四是推出同业存单发行人的自定义组合配置，灵活设置分析对象范围。

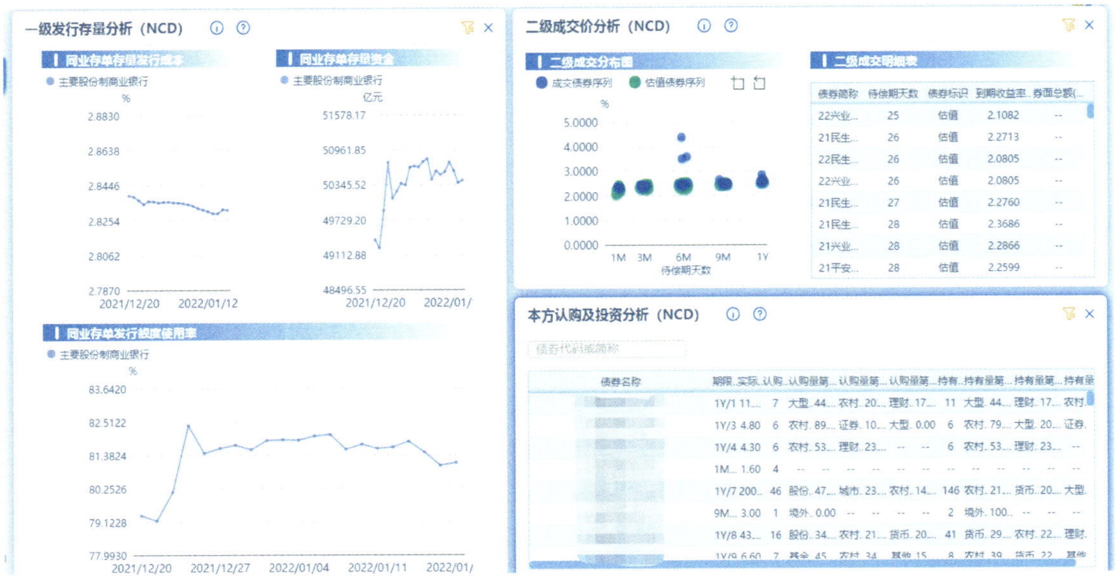

图9-5　同业存单新增功能

（四）iData现券市场基础产品

现券市场基础产品于每个交易日收盘后，提供各机构类型现券买卖市场的交易数据盘后分析报告，反映市场交易情绪和各机构类型的交易偏好。该报告按债券类型、待偿期两个维度交叉统计银行间市场各机构类型现券买卖交易的量价指标，包括机构买入/卖出/净买入债券成交金额等。国债、政策性金融债分别区分新债、老债提供成交数据，贴合市场机构分析需要。

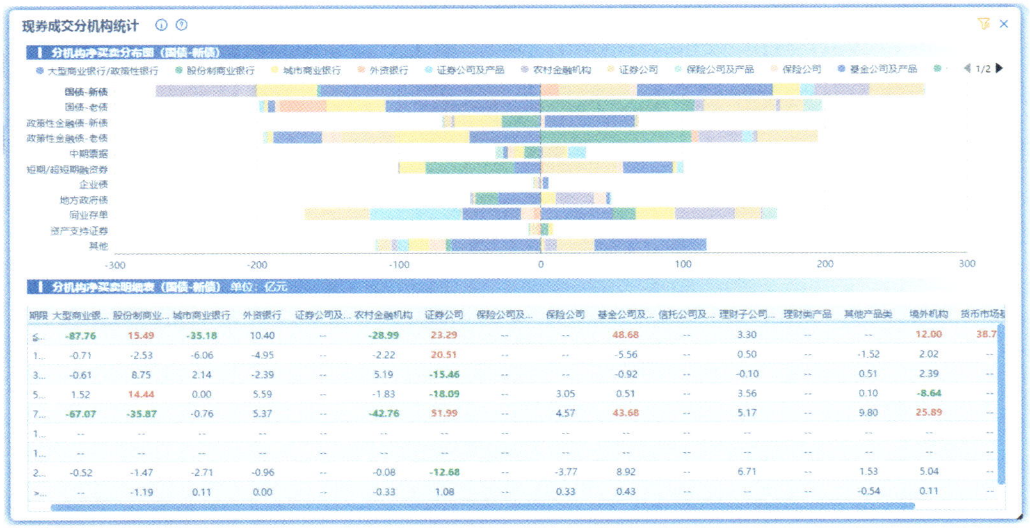

图9-6　现券市场基础产品功能

（五）iData现券市场深度产品

为服务用户投资分析现券市场、降低交易决策时间成本，现券市场深度产品提供债券活跃度分析、以活跃债券为研究对象的个债分析、跨市场联动分析以及针对不活跃债券的现券市场异动提醒等功能。

1. 债券活跃度分析

债券活跃度涵盖现券成交、X-Bond报价、做市报价和货币经纪报价四大类数据，设置13个活跃度因子。该功能允许用户自定义活跃因子的权重，并将所有活跃度因子按可成交天数取平均值进行计算、形成统计期间内银行间市场全量个债的活跃度评分排名。债券活跃度功能提供17个债券搜索条件，为交易机构盘中快速锁定投资标的，以及为流动性溢价定价提供有力数据参考。

序号	活跃度排名	债券代码	债券名称	待偿期(年)	活跃度得分	活跃度分位数(%)	成交天数
1	1	210215	21国开15	9.65	100.00	100.00	21/21
2	2	210210	21国开10	9.39	72.23	100.00	21/21
3	3	210009	21附息国债09	9.36	70.37	100.00	21/21
4	4	210017	21附息国债17	9.84	70.32	99.99	21/21
5	5	210205	21国开05	9.12	62.94	99.99	21/21
6	6	210203	21国开03	4.12	60.43	99.99	21/21
7	7	210011	21附息国债11	4.56	59.90	99.99	21/21
8	8	220001	22附息国债01	0.98	58.70	99.99	2/2
9	9	200006	20附息国债06	8.34	58.00	99.98	21/21
10	10	210208	21国开08	4.64	57.18	99.98	21/21
11	11	210014	21附息国债14	29.76	54.82	99.98	21/21
12	12	210013	21附息国债13	6.74	54.55	99.98	21/21
13	13	210007	21附息国债07	6.32	53.38	99.98	21/21
14	14	210012	21附息国债12	2.62	53.11	99.97	21/21
15	15	210005	21附息国债05	29.25	52.48	99.97	21/21
16	16	210002	21附息国债02	4.14	51.99	99.97	21/21
17	17	200016	20附息国债16	8.84	51.77	99.97	21/21
18	18	200212	20国开12	3.48	49.74	99.97	21/21
19	19	200013	20附息国债13	3.76	49.71	99.96	21/21
20	20	200215	20国开15	8.76	49.43	99.96	20/21

图9-7　现券活跃度分析功能

2. 债券借贷分析

为便于市场机构分析债券借入活跃券，2021年iData新增债券借贷汇总分析功能，按不同机构类型（中资大型银行、中资中小型银行、证券公司及其他）以及期限品种展示个券汇总借入量，并按照借入量由高到低的顺序展示。

债券借贷汇总分析

单位：亿元

债券简称	借入量（总计）	中资大型银行	中资中小型银行	证券公司	其他
21国开15	1664.20	122.40	685.50	841.00	15.30
21国开08	560.20	75.40	169.80	312.50	2.50
21附息国债17	393.30	128.90	99.70	164.50	0.20
19附息国债15	272.10	225.00	20.50	26.50	0.10
21附息国债11	237.50	75.40	22.80	126.80	12.50
21附息国债05	234.50	1.10	36.30	196.50	0.60
21附息国债14	213.40	5.50	52.50	150.30	5.10
21附息国债09	199.42	12.20	74.20	111.12	1.90
20农发10	195.00	16.10	6.00	172.90	--
21国开10	185.30	21.30	75.20	82.10	6.70
18附息国债19	166.00	150.00	--	16.00	--
21附息国债12	153.80	79.50	24.90	47.40	2.00
21附息国债15	133.60	92.70	12.90	28.00	--
18附息国债04	125.00	125.00	--	--	--
20附息国债06	124.70	43.90	5.10	54.00	21.70
20附息国债14	113.50	33.00	15.00	65.50	--
21国开03	89.00	21.70	45.10	18.70	3.50
21进出10	85.60	3.00	58.00	24.60	--
20附息国债13	82.50	5.10	45.00	32.40	--
20附息国债16	68.40	--	20.10	46.30	2.00
21农发05	68.10	23.10	27.20	6.90	10.90
21农发10	65.60	8.80	27.10	24.20	5.50

图9–8　债券借贷汇总分析功能

3. 个债分析

为辅助市场机构综合评估每只活跃债表现，个债分析功能每日向用户提供详尽、准确的活跃个债的基础信息和交易数据，并从成交量价、交易对手方分布、债券借入情况、债券质押情况、活跃度历史走势等维度提供分析工具。目前，用户通过该功能已可查到超过27 000只债券的分析数据。除了支持分析单只债券，用户也可通过“组合管理”上传自定义的债券列表，以债券组合为对象开展分析。

以分析活跃债21国开05为例，如图9–9所示，该债券2021年3月3日上市交易，全年共成交176 293亿元，5 168家机构参与交易，修正久期7.52，凸性70.50。该债券到期收益率全年波动下行，12月31日收于3.1499%，较3月3日下行53个基点。该债券上市后每日交易量持续增长，4月至8月日均交易量保持在1 500亿元至2 000亿元之间，9月初受市场等因素影响，每日交易量快速回落并维持至200亿元以内。保险公司、城市商业银行、农村商业银行该债券2021年交易量位居前三，货币市场基金、境外机构是该债券主要的净买入方，大型商业银行、股份制商业银行是该债券主要的净卖出方。

2021年21国开05上市交易后，其质押接受度持续走强并在6月、7月平均每日200笔的质押水平高位波动，6月中下旬因年中时点因素短暂走弱，8月起质押接受度震荡回落，10月后有所回升。该债券质押折扣率从上市交易之初的98%小幅波动下移至12月31日的96.85%。

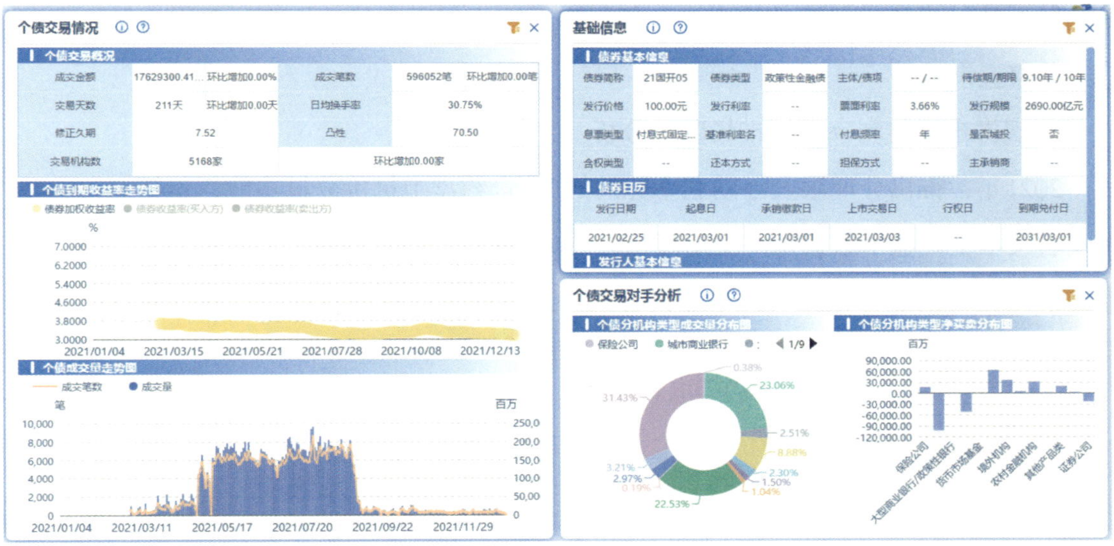

图9-9 个债分析功能

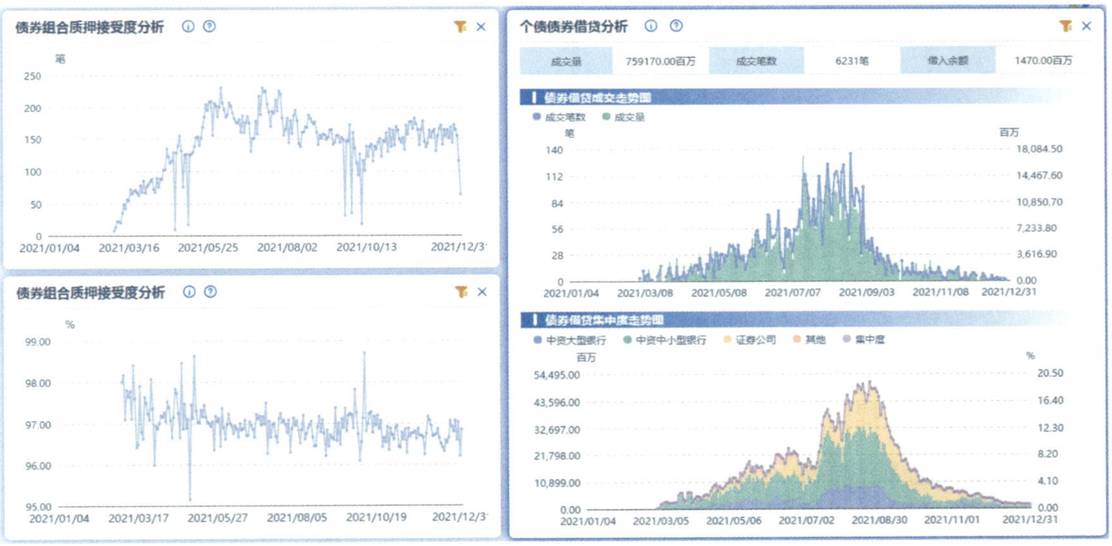

图9-10 新增个债分析功能

2021年在个债借贷笔数、借贷量和借贷集中度分析的基础上，推出分机构类型个债借入余额走势分析。如图9-10所示，2021年，21国开05的债券借贷成交量和借贷余额全年呈现相似走势，均表现为上市交易以来持续增长，并于8月达到峰值，9月初债券借贷成交量和借贷余额均快速回落并维持在低位水平，其中中资中小型银行、证券公司为债券借贷主要力量。

2021年，债券个券分析等模块为进一步提升系统操作便利，新增支持用户将工作区内的单个功能模块设置的数据查询条件同步至该工作区其他工作模块并同步触发查询、一并获取查询结果。

4. 现券市场与利率互换市场联动分析

2021年，推出分期限及浮动利率标的的IRS合约盘中量价分析功能，包括加权成交利率及名义本金。盘中数据每个交易日从9：30起每30分钟更新一次。此外，已上线的利率互换价差比较功能将在原有利率互换合约与现券价差比较的基础上，新增利率互换合约与利率互换合约、现券与现券的价差比较功能。

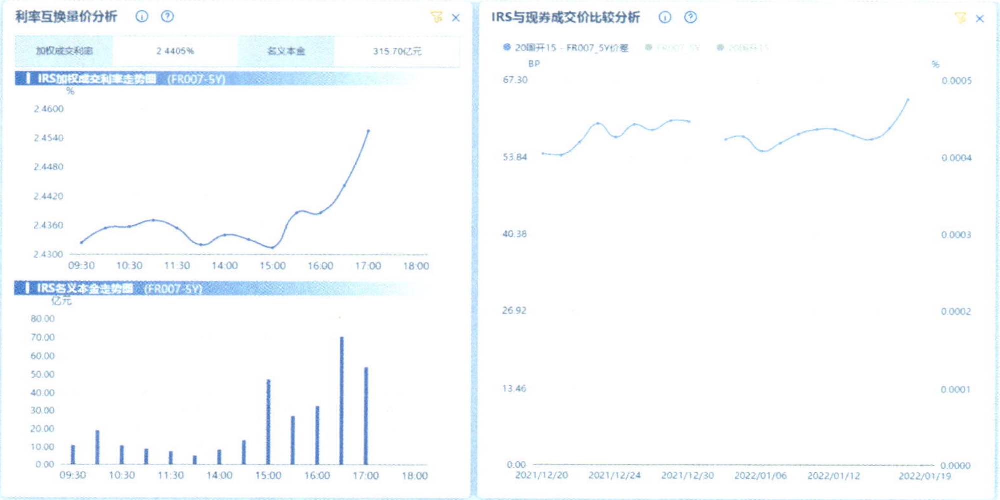

图9-11　现券市场与利率互换市场联动分析功能

5. 关注券异动提醒

用户可通过关注券异动提醒服务及时了解指定债券，特别是非活跃债券在近1日、近1周和近1个月的成交报价数据、评级信息和收盘估值等变化，有助于及时调整交易策略，规避风险。

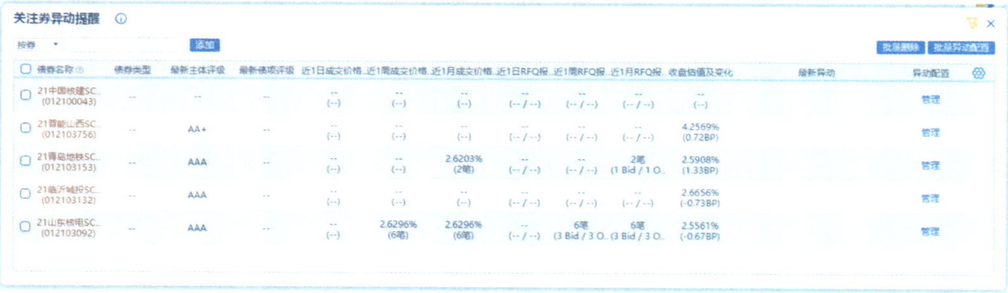

债券名称	债券类型	最新主体评级	最新债项评级	近1日成交价格..	近1周成交价格..	近1月成交价格..	近1日RFQ报..	近1周RFQ报..	近1月RFQ报..	收盘估值及变化	最新异动	异动配置
21中国核建SC..(012100043)	--	--	--	-- (--)	-- (--)	-- (--)	-- (--/--)	-- (--/--)	-- (--/--)	-- (--)		管理
21晋能山西SC..(012103756)	--	AA+	--	-- (--)	-- (--)	-- (--)	-- (--/--)	-- (--/--)	-- (--/--)	4.2569% (0.72BP)		管理
21青岛地铁SC..(012103153)	--	AAA	--	-- (--)	-- (--)	2.6203% (2笔)	-- (--/--)	-- (--/--)	2笔 (1 Bid / 1 O..	2.5908% (1.33BP)		管理
21临沂城投SC..(012103132)	--	AAA	--	-- (--)	-- (--)	-- (--)	-- (--/--)	-- (--/--)	-- (--/--)	2.6656% (-0.73BP)		管理
21山东核电SC..(012103092)	--	AAA	--	-- (--)	2.6296% (6笔)	2.6296% (6笔)	-- (--/--)	6笔 (3 Bid / 3 O..	6笔 (3 Bid / 3 O..	2.5561% (-0.67BP)		管理

图9-12　关注券异动提醒

（六）iData外汇市场深度产品

iData外汇市场功能覆盖外汇掉期、外汇期权和外币拆借市场交易品种。该功能为市场成员评估优化交易策略、及时发现交易机会、了解交易对手、改善交易行为提供了重要的数据支持。

1. 外汇掉期市场功能

外汇掉期市场功能主要通过可视化图表精准呈现全市场各类型机构不同期限品种档位报价和成交量价的实时变化，并提供本方以及交易对手的量价分析，为回溯交易表现提供比较基准。

分机构成交分析模块提供了外汇掉期市场四类主要参与机构（大型商业银行、股份制商业银行、境外银行和外资银行、城市商业银行）在不同交易方向、不同期限的准实时成交价和成交量。

成交价格档位分析模块提供了外汇掉期市场各期限品种在各价格档位的累计交易笔数和交易量。2021年，iData在原有17个标准期限的基础上新增了6M*1Y、3M*6M、1W*2W、1M*2M、2M*3M、6M*9M、9M*1Y七个非标准期限。

C-Swap市场深度指标模块提供了银行间市场C-Swap交易17个标准期限的实时净成交量、净成交笔数、报价、成交价行情、价格波动幅度。

此外，2021年在外汇掉期本方量价分析模块中新增了在统计周期内成交总量方面的同业表现对比。

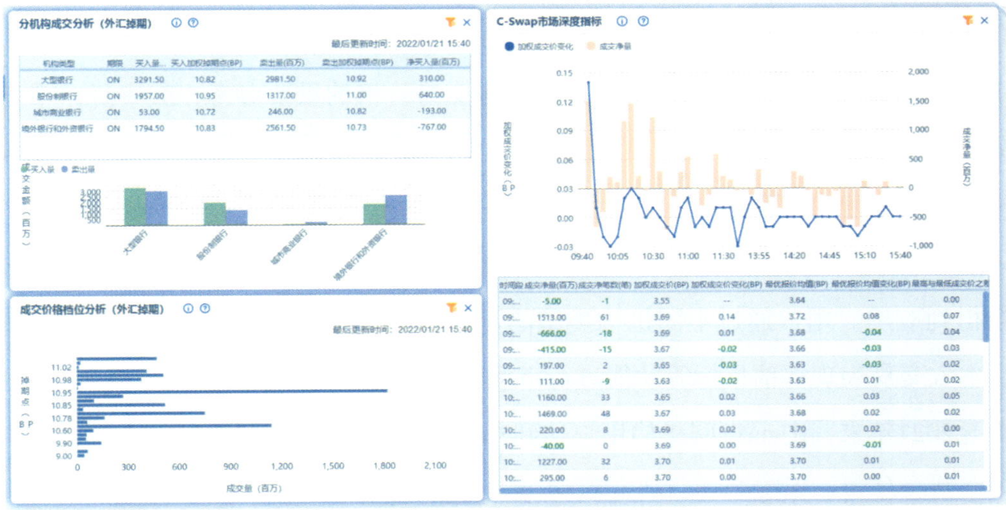

图9-13　iData外汇掉期市场功能

2. 外汇期权市场功能

外汇期权市场功能主要包括存量合约分析和波动率锥两个功能模块。存量合约分析模块为用户了解行权价集中度、市场交易情绪、预判外汇即期市场价格走势提供数据参考。波动率锥模块展示不同期限下波动率值的分布情况，辅助用户判断某日波动率所处位置、寻找波动率多空交易机会。

图9–14 iData外汇期权市场功能

（七）市场应用情况

iData的产品定位和发展路径与市场机构在交易管理和执行上的数字化、自动化、精细化转型需求相契合，其市场认可度和影响力不断提升。

iData相关价格指标已经成为市场机构制定交易价格的重要参考，其中货币市场基础产品分机构交易价格已被中国证券业协会、中国证券投资基金业协会作为判断证券基金经营机构参与银行间市场回购交易的价格异常与否的标准。

iData受到越来越多市场成员的认可，已在市场成员交易、风控、策略研究等多种业务场景得到应用。用户通过不同机构类型的量价精细化统计、个债分析、现券市场联动分析、本方交易表现评估指标等功能进行市场盯市、交易定价，捕捉交易机会。

截至2021年末，iData订阅机构用户达到350余家，机构类型覆盖银行类金融机构、证券公司、基金公司、保险公司、研究机构等。

后续，CFETS数据挖掘产品将根据市场发展和用户需要，不断完善产品功能、提升用户体验。

二、债券基准服务

（一）概述

交易中心自1999年开始着手研发固定收益类产品定价曲线和估值，经过20多年的发展，已形成完整的债券基准产品服务。

CFETS债券收益率曲线方面，为助力提升证券公司流动性管理能力、促进证券公司短期融资券的市场化定价，交易中心自2021年11月9日起发布证券公司短期融资券（AAA、AA+、AA）收盘收益率曲线。截至2021年末，交易中心每日发布的债券收盘收益率曲线增至85条曲线，包括5条利率债曲线、71条信用债曲线、9条同业存单曲线，该曲线系列基本覆盖银行间债券市场主要债券种类和信用评级。

CFETS债券估值方面，为进一步推动同业存单市场平稳有序发展，丰富金融机构境内外币融资渠道，交易中心自2021年2月5日起在银行间市场推出外币同业存单业务，同步推出外币同业存单估值，实现同业存单估值的币种全覆盖。2021年，交易中心日均发布约4.2万只债券收盘估值，其中，利率债400多只，同业存单约1.6万只，信用债约2.6万只。

CFETS债券指数方面，交易中心推出了包括利率债指数、信用债指数、综合指数、CFETS-BOC交易型债券指数、定制指数、实时债券指数等多个指数系列。2021年，交易中心新增发布25只债券指数，累计发布57只债券指数。

债券基准服务的发布渠道包括银行间市场本币交易平台、中国货币网、市场数据发布系统（CMDS）、文件下载系统（iFTP）、授权信息商等。

（二）CFETS债券收盘收益率曲线

CFETS债券收盘收益率曲线（简称收盘曲线）包括国债、央行票据、政策性金融债、短期融资券各信用评级、中期票据各信用评级、超短期融资券各信用评级、企业债各信用评级、同业存单各信用评级、商业银行普通金融债各信用评级、商业银行二级资本债各信用评级、资产支持证券信用评级、国际开发机构SDR债等各类债券收盘曲线，每条收盘曲线发布到期收益率、即期利率和远期利率三类曲线。每个工作日17时15分，在中国货币网公布当日收盘曲线。

按照债券收益率曲线的流动性和基准性分类，CFETS债券收盘收益率曲线体系分为基准债券收盘收益率曲线（简称基准曲线）和衍生债券收盘收益率曲线（简称衍生曲线），目前共计发布11条基准曲线、74条衍生曲线。其中，国债、央行票据、政策性金融债、政府支持机构债券、国际开发机构SDR债等券种只设置基准曲线，信用债曲线通常以该券种流动性和评级代表性最高的曲线作为基准曲线，其他曲线作为基准曲线的衍生曲线。

表9-1　基准债券收益率曲线对应关系

曲线种类	固定利率债曲线（条）	浮动利率债曲线（条）	基准曲线
国债	1		国债曲线
央行票据	1		央行票据曲线
政策性金融债	3	2	政策性金融债（国开行）曲线
			政策性金融债（进出口行）曲线
			政策性金融债（农发行）曲线
中期票据	9	4	中期票据（AAA+）曲线
短期融资券	9		短期融资券（AAA）曲线
超短期融资券	2		短期融资券（AAA）曲线
企业债	17	3	中期票据（AAA+）曲线
地方政府债	2		国债曲线
政府支持机构债券	2		政府支持机构债券曲线
			政府支持机构债券（减税）曲线
国际开发机构SDR债	1		国际开发机构SDR债曲线
商业银行普通金融债	8		政策性金融债（国开行）曲线
商业银行二级资本债	6		政策性金融债（国开行）曲线
同业存单	9		同业存单（AAA）曲线
资产支持证券	3		中期票据（AAA+）曲线
证券公司短期融资券	3		短期融资券（AAA）曲线
小计	76	9	11（去重后）
固定利率债曲线和浮动利率债曲线合计	85		

债券收盘收益率曲线以当日对应债券样本的本币交易系统做市报价和成交数据为样本，加入X-Bond行情、货币经纪行情、匿名拍卖数据、发行利率等数据，利用线性回归方法计算各关键期限点的到期收益率，得到基准收益率曲线。以基准收益率曲线为基础，计算得到衍生到期收益率曲线。

（三）CFETS债券收盘估值

CFETS债券收盘估值基于CFETS债券收盘收益率曲线，采用现金流贴现模型，在起息日至到期日前一工作日的日期范围内提供债券估值。每个工作日18：00公布估值数据。

债券估值券种包括国债、央行票据、政策性金融债、中期票据、企业债、短期融资券、超短期融资券、绿色债务融资工具、定向工具、项目收益票据、项目收益债券、商业银行普通金融债、次级债、二级资本工具、混合资本债、无固定期限资本债券、证券公司短期融资券、证券公司债、保险公司资本补充债、资产管理公司金融债、汽车金融公司金融债、金融租赁公司金融债、财务公司债、其他金融债、地方政府债、政府支持机构债、国际开发机构债、外国主权政府人民币债券、外国地方政府人民币债券、同业存单、信用联结票据、标准化票据、资产支持证券、资产支持票据等。提供的估值要素包括估值净价、估值全价、估值收益率、修正久期、凸性和估值基点价值。

CFETS债券估值的特点是：

一是债券估值的数据源优势明显。交易中心有效发挥自身数据源优势，避免了同类机构过度依赖模型估值的弊端。交易中心具有跨托管机构的债券实时逐笔行情数据、做市商报价明细、点击报价明细、匿名点击成交行情、货币经纪行情、匿名拍卖数据等。以同业存单估值为例，交易中心依托同业存单发行和交易全量数据，同业存单曲线和估值更贴合同业存单一二级市场情况，估值优势在发展初期就已显著体现。

二是债券估值配有多重数据纠错机制。交易中心充分发挥自身贴近市场的优势，形成天然的估值数据自动纠错机制。交易中心债券估值在债券市场（如X-Bond）、债券回购市场（如X-Repo）、信用违约互换市场（隐含评级阈值）、匿名拍卖等多种场景得到充分应用，并按照人民银行监管要求被用作债券市场一线监测的估值基准，债券估值与多种应用场景交叉检验，经过市场反复检验，为债券估值质量纠错机制提供坚实保障。

（四）债券指数服务

随着市场的发展，交易中心不断探索债券指数的编制应用，满足市场多样化需求。交易中心从2002年开始编制债券指数，目前已覆盖利率债指数、信用债指数、综合指数、CFETS-BOC交易型债券指数、定制指数、实时债券指数等多个指数系列（见图5-30）。

CFETS债券指数主要包括净价指数、全价指数和总收益指数三类价格指数，同时提供久期、凸性、基点价值、到期收益率、日涨跌幅变动以及总市值等参数指标。这些指标对于投资者观察债券投资组合的价格变动水平、收益水平以及风险水平等提供了帮助。

CFETS债券指数具有指数编制公开透明、数据源丰富、样本券代表性及可复制性强等特点。

（五）市场应用情况

CFETS债券收益率曲线和估值，可应用于银行间债券市场的前中后台。具体包括：

一是作为债券市场的监测基准。自2009年以来，交易中心将CFETS债券收益率曲线和估值作为银行间债券市场的估值监测基准。2020年9月，交易中心发布《银行间债券市场交易监测相关报备操作指南》，进一步明确量化了监测的基准价格标准。

二是应用于本币交易系统相关交易业务。质押式回购匿名点击业务（X-Repo）将CFETS债券估值用于质押券折算率计算基准价。现券匿名点击业务（X-Bond）将债券曲线和估值用于筛选交易券种和确定成交价区间。债券收盘价交易服务以CFETS债券收盘估值收益率为定价基准进行点差成交。

三是应用于银行间回购违约处置匿名拍卖业务。若回购债券在拍卖日前三十个工作日内无成交价格或计算样本数过少时，将使用CFETS债券估值作为拍卖价格参考。

CFETS债券指数主要用于反映各类债券的价格变化和收益水平、作为投资的业绩比较基准、作为某些金融衍生品标的以及开发指数产品等。2021年，首只跟踪CFETS债券指数的公募基金——浦银安盛CFETS 0—5年期央企债券指数正式获得证监会批准发行，初始募集规模达到80亿元。该指数产品的正式发布，标志着CFETS银行间债券市场指数应用取得了关键进展，有助于进一步丰富银行间债券市场的产品和服务供给、扩展市场深度和广度，更好地服务境内外各类机构投资者。

截至2021年末，交易中心债券基准服务各渠道授权用户共计700余家，包括商业银行、外资银行、农村金融机构、证券公司、基金公司、保险公司、理财子公司等各类机构。

三、利率互换基准服务

（一）概述

交易中心利率互换基准服务经过近十年的耕耘，产品精细化程度不断提升，市场化运营进程逐步加快。2021年，交易中心利率互换基准服务进行了产品重组，推出基础产品+授权产品打包服务方案，全面实现市场成员更精细化的衍生品定价需求。同年推出早偿率指数作为银行间市场利率互换交易标的指数，交易中心利率互换基准服务支持交易能力进一步增强。

目前，交易中心利率互换基准服务产品序列已涵盖利率互换曲线系列、利率互换曲线衍生指标、利率互换估值、早偿率指数等全方位服务，为市场成员精细化定价、合约估值、冲销估值、市场交易等提供专业定价基准服务支持。

为方便市场机构便利获取服务，交易中心利率互换基准服务支持多渠道发布。该服务目前可通过中国货币网、本币交易系统、交易后处理平台、市场数据服务（CMDS）接口、信息产品文件下载系统（iFTP）、ComStar终端、授权信息商等多渠道向市场提供。

（二）服务内容

1. 利率互换曲线基础产品

交易中心利率互换曲线系列产品包括利率互换定盘/收盘曲线、利率互换行情曲线、小品种利率互换曲线（仅供利率互换估值）等。

（1）利率互换定盘/收盘曲线

利率互换定盘/收盘曲线包括利率互换到期收益率定盘曲线和利率互换到期收益率收盘曲线，涵盖各标准期限下的Shibor3M、ShiborO/N、FR007、FDR001、FDR007、LPR1Y（季付）、LPR5Y（季付）等利率标的，每类曲线发布报买、报卖和均值三条曲线。每个工作日12:10发布当日利率互换定盘曲线，16:40发布当日利率互换收盘曲线。

（2）利率互换行情曲线

利率互换行情曲线包括Shibor3M、FR007等利率标的，曲线发布时间段为每个工作日9:30~11:30、12:30~16:00，每30分钟发布一次。

（3）小品种利率互换曲线

为满足部分存续的小品种利率互换交易估值服务需求，交易中心提供以一年定存（季付）、一年定存（年付）、贷款利率_1年、贷款利率_3年、贷款利率_5年、贷款利率_5年以上、GB10、CDB10、D10/G10、AAA3/D3 等为利率标的的利率互换估值服务，每个工作日12:10、16:40计算发布当日利率互换曲线。

2. 利率互换曲线授权产品

交易中心利率互换曲线授权产品为市场机构提供更精细化及透明度更高的曲线估值

服务，包括标准期限即期利率曲线、全期限即期利率曲线和基准指标远期利率等。

（1）标准期限即期利率曲线

标准期限即期利率曲线包括标准期限即期利率定盘曲线和标准期限即期利率收盘曲线，是基于利率互换曲线标准期限的互换利率。涵盖各标准期限下的Shibor3M、ShiborO/N、FR007、FDR001、FDR007等利率标的。每个工作日12：10发布当日定盘曲线，16：40发布当日收盘曲线。

（2）全期限即期利率曲线

全期限即期利率曲线包括全期限即期利率定盘曲线和全期限即期利率收盘曲线，由相邻标准期限即期利率线性插值算得非标准期限即期利率。涵盖各期限下的Shibor3M、ShiborO/N、FR007、FDR001、FDR007等利率标的。每个工作日12：10发布当日定盘曲线，16：40发布当日收盘曲线。

（3）基准指标远期利率

基准指标远期利率包括基准指标远期利率定盘曲线和基准指标远期利率收盘曲线，是基于利率互换即期利率曲线算得未来每个工作日远期利率。涵盖各期限下的Shibor3M、ShiborO/N、FR007、FDR001、FDR007等利率标的。每个工作日12：10发布当日定盘曲线，16：40发布当日收盘曲线。

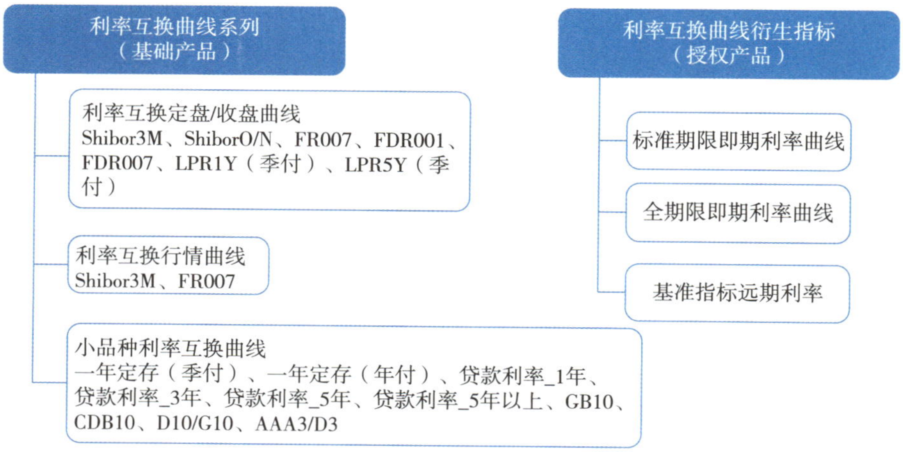

图9–15　CFETS利率互换产品系列

3. 利率互换估值

交易中心为市场提供存续合约估值及利率互换冲销估值服务。存续合约估值服务于每日18：00提供所有品种未到期利率互换合约估值。估值定价曲线为利率互换收盘曲线，提供T+1、T+0估值和各期限DV01数据。利率互换冲销估值服务可提供周期内估值、合约组合估值和双边冲销估值服务等，有效提升机构冲销效率。

4. 早偿率指数

为综合反映个人住房抵押贷款资产支持证券（RMBS）市场的基础资产早偿水平，培育RMBS利率互换标的指数，交易中心于2021年10月起正式推出RMBS条件早偿率指数。该指数于每个工作日17:00发布。

（三）利率互换基准服务特点

一是交易中心利率互换基准产品已具备坚实的市场服务能力。当前利率互换基准服务已形成一定的用户黏性，曲线估值系列产品服务合约规模已达到全市场存量合约规模的97%。

二是交易中心利率互换基准产品精细化程度进一步提高。利率互换曲线系列等已实现市场主流利率标的全覆盖，利率互换曲线授权产品提升估值透明度，进一步满足市场成员精细化估值定价需求。下一步，交易中心计划向市场推出远期利率互换利率，满足市场成员利率期权定价及重置风险管理中的利率互换定价等需求。

三是交易中心平台数据源丰富，数据质量高。结合X-Swap报价以及经纪平台报价等丰富的数据源以及完善的计算规则，Shibor3M利率互换定收盘曲线与成交价格偏差较小，FR007和Shibor3M利率互换定收盘曲线报买报卖平均价差在较小范围内。

（四）市场应用情况

交易中心利率互换基准服务广泛应用于基准指标远期利率、利率互换估值、利率互换冲销估值、利率互换风险重置定价、利率期权估值、外汇掉期估值、货币掉期估值、外汇期权估值、CDS估值等金融产品前中后台估值参考以及量化、研究等场景。

截至2021年末，已有84家机构使用交易中心利率互换曲线系列作为估值基准参考，100家机构申请利率互换估值服务，90家机构申请利率互换冲销估值服务。

四、对外接口服务

（一）概述

交易中心对外接口服务一方面不断拓展接口覆盖的业务领域，面向银行间市场机构、信息商和第三方机构提供标准化的接口数据协议，减少其自身实现协议的复杂度，确保市场对交易中心对外协议语义一致，极大地提高了银行间市场交易从端到端的自动化水平；另一方面通过对外接口服务体系建设，以市场为导向不断贯彻服务性开发理念，为市场机构和系统接入开发机构提供接口申请、开发、测试、验收、接入、生产支持的一站式服务，加强接口应用标准的推广，推动系统接入开发机构共同参与和协同开发，深化构建银行间市场技术生态圈。

（二）接口产品与市场应用情况

市场机构接口包括交易执行接口、交易行情接口、成交数据接口、交易后处理接口、交易参考数据接口、信息产品接口、授信管理接口，覆盖交易全生命周期，具有标准性、便捷性、时效性、兼容性与可靠性等诸多优势。机构可使用接口实现自动交易、行情获取、风险管理、交易后确认、冲销等业务的直通式处理。

2021年，已有千余家机构使用市场机构接口与交易中心系统直连，交易执行接口、交易行情接口、成交数据接口和交易参考数据接口已经广泛应用于银行间本外币市场，基本实现核心机构全覆盖。市场机构接口用户数已连续4年以30%的速度持续增长。为保证市场机构新增接口业务顺利开展，交易中心每年为市场机构提供数千次的接口验收测试服务，提供约数万次的接口技术支持服务。

五、数据中台共享服务

为发挥数据生产要素效率倍增作用，夯实数据支撑交易基础，交易中心规划研制数据中台，作为交易中心数据融合应用、分析增值、共享服务的数字化新型基础设施。数据中台以数据资产目录和数据服务目录为核心，强化数据的共享、复用、治理、开放和应用能力。

2021年，数据中台加快推进“数据湖”建设工作，基本实现交易、基准指标、基础数据等核心数据整合，完善数据质量管理，为业务系统提供丰富的数据API。同时，依托数据中台，推动外围系统断直连改造，降低了交易平台与外围系统耦合，为核心交易平台“减负瘦身”。数据中台已为数据仓库、市场监测、用户行为分析等业务系统提供数据支持，持续完善自助式数据分析工具，促进数据赋能交易筑新基、开新局。

第十章

市场发展展望

- 机遇与挑战
- 发展展望

当前，中国正开启向第二个百年奋斗目标进军的新征程，经济发展和疫情防控保持全球领先地位，构建新发展格局迈出新步伐，高质量发展取得新成效。在此背景下，银行间市场将坚持稳中求进工作总基调，坚定信心，稳步推进金融基础设施建设，不断开创“全球人民币及相关产品交易主平台和定价中心”事业新局面，为我国构建双循环新发展格局、经济社会高质量发展、金融体系改革进一步深化作出更大贡献。

一、机遇与挑战

2022年，全球经济金融形势依然复杂。在世纪疫情冲击下，百年变局加速演进，外部环境更趋复杂严峻和不确定。国内经济发展也面临需求收缩、供给冲击、预期转弱三重压力。国际货币基金组织预测，受变异新冠病毒奥密克戎毒株广泛传播、能源价格上涨以及供应链中断引发通货膨胀水平超出预期等因素的影响，全球经济状况与此前预期相比更加脆弱，预计2022年全球和中国经济的增速分别为4.4%和4.8%。但同时也应看到，我国经济发展和疫情防控保持全球领先地位，经济韧性强，长期向好的基本面不会改变。新的一年，银行间市场发展的机遇与挑战并存。

（一）发展机遇

后疫情时代、双循环相互促进的新发展格局以及新一轮金融科技革命创新的突破，对银行间市场发展提出了新的要求，带来了新的机遇，主要体现在：

首先，汇率、利率市场化改革不断深化、服务央行履职要求更高有助于推动银行间市场向纵深发展。银行间市场需不断完善市场产品、制度体系建设，强化基准价格培育，以配合利率汇率市场化改革的深化。在服务提升金融服务实体经济质效、稳步提高人民币国际化水平、防范化解金融风险、创新推动绿色发展、深化金融改革、提升金融科技应用等方面，银行间市场需建立相应政策配套支持体系，以更好发挥服务央行货币政策精准调控的职能。

其次，金融市场的双向开放提速，国内国际双循环发展格局加速形成，为银行间市场的发展带来更广阔的发展空间。随着金融市场双向开放的推进，更多国际投资者将进入银行间市场加大人民币资产配置力度，风险管理需求也进一步提升。银行间市场发展将获得新的动力，探索为境外机构“走进来”和境内机构“走出去”提供更多元化的金融产品和服务，逐步完善与国际制度接轨的制度体系建设，更好助力双循环格局的形成。

最后，金融科技发展催生新机遇。随着新兴技术应用不断发展突破，数字化、网络化、智能化的更高发展阶段加快到来，金融科技在提升交易效能、优化业务流程、降低运营成本、促进数据共享、提升协同效率、防控金融风险等方面带来新的机遇，有助于推动银行间市场实现更高质量的发展。

（二）面临的挑战

新的宏观经济金融形势和市场环境带来更大发展机遇的同时，也给银行间市场发展带来一系列新挑战。

首先，当前外部环境更趋复杂严峻和不确定，主要发达经济体货币政策已开始调整，可能引发其金融市场震荡并对新兴经济体产生溢出影响，疫情下国内外生产与需求恢复的相对不同步也会对银行间市场资金流动造成波动，银行间市场的平稳发展可能会受到冲击。

其次，银行间市场防范化解重大金融风险能力的需求不断提升。近年来，银行间市场对防范化解各类风险重视度不断上升，识别风险、风险定价以及风险管理工具等防范体系已初步形成。在下一步发展中，应充分认识经济社会发展的复杂性，遵循金融市场运行的客观规律，从全局高度继续提升风险预防、预警和处置能力。

再次，如何实现更高质量的发展是银行间市场面临的新挑战。多年来，银行间市场作为国家重要金融基础设施，交易规模屡创新高，如何在高水平上实现更高质量的发展是银行间市场面临的新挑战。当前，银行间市场应对标高质量发展要求，以金融改革开放、金融科技创新为契机，通过改革创新促进发展的提质增效。

最后，对外开放背景下银行间市场产品和制度亟待补齐短板。随着对外开放深化，对比国际成熟金融市场产品序列、制度框架等方面，银行间市场仍存在较为明显的短板。一是投资标的方面，银行间市场缺乏境外机构广泛投资的债券ETF等被动投资型债券指数产品。二是风险对冲理念尚未全面建立。衍生品用于金融交易风险管理的程度较低，较多机构无法参与利率等基础衍生品市场进行利率风险管理。三是基础设施衔接存在断点，如银行间市场利率债无法用于衍生品担保品等。

二、发展展望

2022年，银行间市场将坚持稳中求进的发展总基调，围绕服务实体经济发展、深化金融改革与开放创新、防范化解金融风险重要任务，不断推进交易产品及交易机制完善，推动高水平双向开放，坚持金融科技创新，努力开创“全球人民币及相关产品交易主平台和定价中心”事业新局面。

（一）完善产品序列和交易机制，助力金融支持实体经济

围绕“市场关心什么、需要什么”，不断推进产品、机制和服务创新，提升资源配置与风险管理的效率。按照实需原则和风险中性原则，丰富境内汇率及利率避险工具，深化做市交易机制建设，持续优化X系列、C系列交易机制。推动银行间市场更好顺应市场发展趋势，更高质量满足监管部门、市场主体的多元化需求，更好助力金融机构利用银行间市场提高金融资产管理水平、增厚金融系统向实体经济让利的基础。

（二）推动高水平双向开放，助力畅通国内国际双循环

继续丰富、畅通对外开放渠道，提升境外投资者参与便利度，加强国际合作，推动境内外金融基础设施互联互通，助力畅通国内国际双循环。推进在上海自贸区提供小币种外汇交易相关服务，助推上海国际金融中心全球资源配置功能强化。持续完善“南向通”相关机制安排，推动衍生品市场对外开放，在人民银行部署下推进互换通业务，为境外机构风险管理提供更丰富的手段和工具。

（三）加强市场风险防控机制建设，切实防范化解金融风险

加强市场一线监测分析，持续完善市场风险预警体系，实现从事后报告为主向风险事前预警、事件深入分析为主的提升。充分发挥市场自律机制作用，扎实做好利率汇率自律机制秘书处工作。完善相关制度和系统功能，按照市场化、法治化原则，不断完善市场化风险处置机制。

（四）深化科技赋能，发挥数据生产要素的倍增效应

加强科技攻关，增加新兴技术储备，保障创新孵化成果落地转化。探索新技术迭代与核心业务场景深度融合。推动容器云、云管平台、分布式服务框架等领域的攻关和成果应用。完善数据信息服务，丰富CFETS债券指数体系，推进银行间可转让指数产品业务落地。研究iData产品接口、插件服务，拓展产品应用。加快数据中台建设，完善数据服务建设，促进数据赋能交易，强化数据治理与安全管理。

（五）完善交易全生命周期服务，推进交易生态体系建设

探索落地智能推荐业务，优化集中确认与报文匹配业务功能，稳步实施交易支付直通处理，完善同步交收服务，稳步推进区块链等新技术在交易后领域的应用，健全交易全生命周期业务体系。加强与国际和国内市场同业的合作，共建更加国际化、市场化和专业化的银行间市场生态圈。

专栏10.1

2022年中国外汇交易中心业务发展重点

一、深入贯彻人民银行部署，积极配合推进利率汇率市场化改革。积极拓展DR产品运用实践，优化LPR报价机制，履行好市场利率定价自律机制秘书处职能，为健全市场化利率形成和传导机制、进一步深化利率市场化改革提供更有利的条件。深化汇率市场化改革方面，要进一步丰富境内汇率避险工具，继续探索推进外汇期货试点工作，深化外汇市场自律机制秘书处工作，引导企业和金融机构树立和深化“风险中性”理念。

二、做好政策配套支持，不断优化业务流程，完善系统建设，支持好央行公开市场操作。探索为央行结构性货币政策工具提供操作平台。引导金融机构加大对实体经济特别是小微企业、科技创新、绿色金融的支持。

三、加强市场风险防控机制建设，做好金融风险防范化解工作。一方面，要继续加强监测分析，持续完善市场风险预警体系；另一方面，要不断完善风险处理手段，从制度建设、系统服务、应急管理等多个维度提升处理能力，推动以市场化、法治化原则更好地处理债券违约、回购违约、外汇市场违约等风险事件，进一步发挥好交易后服务市场化防范化解风险的积极作用。

四、推动高水平双向开放。推进在上海自贸区提供小币种外汇交易相关服务。研究为自贸区提供外汇交易相关服务。支持“一带一路”建设，深耕做实小币种交易。继续加强国际合作，推进外币对市场引入境外平台流动性、外币回购境内外直连

等互联互通业务。完善“南向通”，丰富市场信息，优化接口服务，推进一级认购、境内债券跨境认购业务。推动衍生品市场对外开放，根据人民银行部署推进互换通业务。

附　录

◆ 中国外汇交易中心2021年度大事记

中国外汇交易中心2021年度大事记

1月8日	发布《银行间外汇市场尝试做市机构指引》等制度文件，改革银行间外汇市场做市商制度，进一步完善外汇市场价格发现机制。
2月1日	所属中汇公司开发的基准价格报文标准获得ISO 20022标准组织通过，我国银行间市场再度贡献国际金融标准。
3月14日	中汇亿达成立10周年，客户数突破260家、机构300强占比超过75%，终端数逾3 000台，较好发挥了拱卫核心交易、增强战略协同的作用。
3月29日	推出挂钩FDR的利率期权品种，进一步丰富利率衍生品序列，更好服务金融机构的利率风险管理需求，助力利率市场化改革。
3月31日	银行间债券市场做市商新规转换完成，进一步激发做市机构活力，助力提升债券二级市场流动性，银行间做市制度迈入新发展阶段。
4月22日	中国外汇交易中心博士后科研工作站正式揭牌，推动研究工作与学术交流进入新阶段。
4月23日	党中央国务院赋予中国外汇交易中心重大战略任务，《中共中央　国务院关于支持浦东新区高水平改革开放打造社会主义现代化建设引领区的意见》明确，“研究探索在中国外汇交易中心等开展人民币外汇期货交易试点”。
5月、11月	全国外汇市场自律机制召开工作会议，选举中国银行行长刘金为新一届主任委员，审议通过《银行跨境人民币业务展业规范（2021年版）》《中国外汇市场准则（2021年版）》和汇率风险中性理念倡议书，外汇市场自律工作稳步推进，汇率风险中性工作取得显著成效。
6月18日	CFETS债券承分销全流程服务上线，银行间市场首次实现线上化债券分销确认，进一步增强一二级市场联动效应，提高发行效率和发行透明度。
6月19日	中国外汇交易中心历史陈列馆建成开馆，系统展示近三十年我国统一的银行间市场全景式发展脉络、重要历史贡献和独具特色的发展模式。
7月1日	发布CFETS绿色债券指数和CFETS碳中和债券指数，完成银行间首笔挂钩CFETS碳中和债券指数的互换交易，助力金融机构参与碳中和金融工具交易。
7月12日	实现银行间债券为抵押品的外币三方回购业务，首创外币回购自动选券模式，提升外币融资效率，防范市场信用风险。
7月26日	与所属上海国际货币经纪公司合作推出银行间美元拆借资金面情绪日间指数，丰富外币利率观测指标。
8月9日	新一代全国银行间市场本币交易平台整体上线，全面支持货币市场、债券市场、相关衍生品市场交易，系统功能、性能大幅提升，银行间本币市场基础设施再上新台阶。
9月1日	发布《银行间市场证券公司短期融资券发行交易规程》，为证券公司短期融资券提供发行、交易及信息披露一体化服务。
9月6日	推出人民币对印度尼西亚卢比银行间区域交易，引入中方和印度尼西亚双方央行认定的特许交叉货币做市商（ACCD），提升双边本币结算便利化，践行中国与印度尼西亚双边本币结算框架合作机制，充分发挥金融服务对“一带一路”建设的支持作用。

续表

9月10日	获香港证监会批准成为自动化交易服务（ATS）提供商，为中国外汇交易中心获批的首项境外监管牌照，适用于债券通下“北向通”和“南向通”的现行所有产品和直投模式下的现券买卖、回购、债券借贷、发行及承分销等业务，为中国外汇交易中心国际化业务的持续发展打下坚实基础。
9月24日	“南向通”交易服务正式上线，为境内机构投资交易全球债券提供多币种、多机制、一站式的高效便捷服务，便利我国金融基础设施和参与机构参与国际金融市场业务，向国际市场彰显“中国效率”。
9月30日	支持人民银行常备借贷便利（SLF）操作方式改革，实现SLF操作全流程电子化，便利人民银行对地方法人金融机构按需足额提供短期流动性支持，增强银行体系流动性稳定。
11月19日	“话百年党史，看今日银行间”系列党课正式展播，中国外汇交易中心党委书记以及近70位来自头部金融机构的专家围绕党史学习和工作思考向全市场讲授“红色金融党课”，推进党建与业务深度融合。
12月8日	CFETS债券指数应用取得突破性进展，首只跟踪CFETS债券指数的基金产品完成募集并正式发布。
12月10日	服务人民银行货币政策实施与传导，为碳减排支持工具及煤炭清洁高效利用专项再贷款操作提供支持，发挥结构性政策工具引导作用，切实落实国家“双碳”战略。
12月10日	中国外汇交易中心南方中心暨中汇金融科技（深圳）有限公司驻场深圳国际创新中心运营，中国外汇交易中心集团化发展战略布局在粤港澳大湾区落地生根。